Patricia Clough ·
Vom Vergnügen, eine ältere Frau zu sein

Patricia Clough

VOM VERGNÜGEN, EINE ÄLTERE FRAU ZU SEIN

Aus dem Englischen
von Rike May

btb

MIX
Papier aus verantwortungsvollen Quellen
FSC® C014889
www.fsc.org

Das für dieses Buch verwendete FSC®-zertifizierte Papier *EOS* liefert Salzer Papier, St. Pölten, Austria.

1. Auflage

Satz: Uhl + Massopust, Aalen
Druck und Einband: Friedrich Pustet KG, Regensburg
Printed in Germany
ISBN 978-3-442-75284-3

www.btb-verlag.de

»Igitt!«

Reaktion einer Teenagerin, als sie hört, dass ihre Mutter, fünfundfünfzig, mit einem Mann schläft.

»Ein Hobby für Omas im Ruhestand.«

Anglikanischer Pfarrer über die Berufung älterer Frauen zu Priesterinnen oder Diakonissen.

»Es geht leider nicht mehr, Sie sind zu alt.«

Antwort auf die Bewerbung einer Vierundsechzigjährigen.

»Was wollen Sie denn? Sie sind doch verheiratet.«

Ein Beamter in einer akademischen Stellenvermittlung, der einer knapp Fünfzigjährigen erklärt, dass es für Frauen ihres Alters keine Stellen gibt.

»Ich werde das Leben genießen,
bis mir das letzte Stündchen schlägt.«

Aus dem Film »Carmen Jones«

1 KRISE!

Hilfe!

Hilfe, dachte ich, während ich in meinen Schubladen nach Taschentüchern kramte. Was soll ich denn jetzt sagen? Ich war sprachlos, panisch. Mit allem hatte ich gerechnet, nur nicht damit. Sissi* war von der Arbeit gekommen und hatte mir ein paar Sachen zurückgebracht, die sie sich für ihren Fünfzigsten ausgeliehen hatte. Eigentlich wollte sie nur schnell einen Kaffee bei mir trinken, bevor sie sich auf den Weg zu irgendeinem Sportkurs machte. Drei Stunden später saß sie immer noch auf dem Sofa und heulte. Ein Häufchen Elend. Ihr Leben sei vorbei, meinte sie. Ernsthaft.

Ihre Geburtstagsparty war grandios gewesen. Alle ihre Freunde waren gekommen, die ganze Familie. Ihr Chef war da gewesen und auch die Kollegen aus dem Hotel, in dem sie als Rezeptionistin arbeitet. Selbst

* Sissi und einige andere Frauen möchten nicht unter ihrem vollständigen Namen in diesem Buch erscheinen. Deshalb werden viele nur mit Vornamen genannt, die teilweise auch frei erfunden sind. Andere wiederum haben mir erlaubt, ihre vollen Namen zu verwenden.

die ganz alten Freunde waren gekommen, ihre Weggefährten. Einige, wie ich, waren von weither angereist. Sissi strahlte Ruhe aus, Eleganz, sie war die perfekte Gastgeberin. Ihr Mann Dirk, der Bankdirektor, war gesellig und offen, er gab jedem Einzelnen das Gefühl, willkommen zu sein. Reden wurden gehalten, Komplimente gemacht, Sissi wurde als Freundin gewürdigt, als Kollegin, als Frau und als Mutter. Es gab Blumen, Geschenke. Ihre Kinder, die längst keine Kinder mehr sind, führten einen lustigen Sketch auf. Alles passte: das Büfett vom Catering, das wunderschöne Haus, die Musik. Es wurde bis spät in die Nacht hinein getanzt, die letzten Gäste gingen um drei.

»Ein toller Abend«, sagte ich. »Ist doch prima gelaufen, du hast umwerfend ausgesehen. Du bist bestimmt sehr zufrieden.« Sissi schwieg und trank einen Schluck Kaffee.

»Deine Gäste fanden es auf jeden Fall toll, sie reden immer noch darüber«, fügte ich hinzu. Ihr Schweigen irritierte mich. Sissi starrte in ihre Tasse. Nach einer Weile antwortete sie: »Ja, war wohl ganz nett. Freut mich, dass die Leute ihren Spaß hatten.«

»Und du? Hattest du keinen Spaß?«

»Nein, eigentlich nicht. Eigentlich gar nicht. Es war merkwürdig, ich fand es so, na ja, bedeutungslos. Ich habe mich so leer gefühlt, als hätte ich eine Rolle in einem Stück, das um mich herum aufgeführt wird.«

»Aber …«

»Ich weiß, was du jetzt sagen willst. So viele Freunde,

die tolle Familie, ein Mann, auf den ich mich – einigermaßen – verlassen kann, das Haus, mein Job, der zu mir passt. Eine tolle Party. Ich habe alles. Es sieht tatsächlich so aus, als hätte ich alles, als ließe mein Leben nichts zu wünschen übrig.« Nach einer Pause sagte sie: »Doch in Wirklichkeit bin ich total verzweifelt.« Ihre Augen füllten sich mit Tränen.

»Aber das verstehe ich nicht …«

Sissi legte die Beine hoch und fuhr sich mit den Fingern durch das kastanienbraune Haar. Sie ließ sich sehr viel Zeit mit ihrer Antwort. »Weißt du, vor ein paar Tagen habe ich mich in einem Schaufenster entdeckt, ich sah mein Spiegelbild und dachte: Wer ist diese alte Frau, und warum trägt sie meine rote Jacke? Erst da verstand ich, dass ich mich selbst sah. Mich selbst! Ich hatte mich gesehen, wie andere Menschen mich sehen, und nicht das Gesicht, das ich so gut kenne, weil es mir täglich im Spiegel begegnet.«

»Aber warum sagst du alte Frau?«, rief ich. »Du bist doch überhaupt nicht alt. Die fünfzig sieht man dir auf keinen Fall an.«

»Na ja, manchmal schon«, antwortete sie, »aber darum geht es mir gar nicht. Oder nicht nur. Es war, als würde auf einmal alles gleichzeitig passieren.«

Das verstehe ich, das kenne ich nur zu gut. Der Schock, wenn man merkt, dass man sein eigenes Spiegelbild nicht erkennt. Sozusagen der »Augenblick der Wahrheit«.

Vor einiger Zeit hatte Sissi festgestellt, dass sich ihr

Mann mit einem Interesse, das nicht nur beruflicher Natur war, um eine junge Praktikantin in der Bank bemühte, was ihr in unangenehmer Weise in Erinnerung rief, dass sie in der letzten Zeit kaum an Sex gedacht hatte. Auch das war ein solcher Augenblick der Wahrheit. Und dann gab es noch einen, vor ein paar Wochen, als sie zu einem ganz besonderen Abendessen eingeladen waren. Sissi zog ein weißes, schulterfreies Kleid an, in dem sie aufregend aussah. Eigentlich. Das wusste sie. Nur diesmal war alles anders. Es war, als wäre sie aus der Form geraten. Ihre Figur hatte sich verändert, das Kleid saß an einigen entscheidenden Stellen – den falschen – zu eng. Es sah aus wie jedes andere Kleid, durchschnittlich, langweilig. Doch sie hatte keine Zeit, sich noch einmal umzuziehen. Sie wickelte sich in eine große Stola und hoffte, dass es niemandem auffallen würde.

Was sie auch noch bemerkt hatte, war, dass die Gäste, die zum Einchecken an die Rezeption des Hotels traten, in dem sie arbeitete, sie nicht mehr wahrzunehmen schienen. Früher hatte sie immer dieses gewisse Interesse gespürt, ein Blitzen in den Augen der Männer. Doch das war offenbar vorbei. Wegen ein paar Fältchen? Sie legte immer noch größten Wert auf ihr Äußeres. Um die Hüften herum hatte sie etwas zugelegt, obwohl sie regelmäßig ins Fitnessstudio ging. War es deswegen? Wer weiß. Und jetzt auch noch die Wechseljahre.

Sissi war eine vernünftige, eine intelligente Frau. Sie

wusste, wo sie stand. Wie alles in ihrem Leben nahm sie die Wechseljahre mit Humor, mit einer Art Lebensklugheit. Sie hatte eine Menge über das Thema gelesen, hatte mit ihrem Gynäkologen gesprochen und Hormonpillen geschluckt, bis sie spürte, dass sie auch ohne diese Hilfe mit den Gemütsschwankungen und Hitzewallungen fertigwurde. Sie war entschlossen, kein Drama daraus zu machen, und es schien ihr zu gelingen. Dachte ich zumindest.

Doch nun lag sie da auf meinem Sofa. Zusammengekrümmt wie ein Embryo lag sie da und weinte, weinte, weinte. Ich hatte ihr statt des Kaffees ein Glas Wein gebracht, in der Hoffnung, sie ein wenig zu trösten, aber der Alkohol verstärkte nur den Sog des Elends, der an ihr zerrte.

»Kannst du dir eigentlich vorstellen, wie es sich anfühlt, wenn irgendein Idiot, der sich unheimlich witzig vorkommt, fragt: Na, wie fühlt man sich denn so nach einem halben Jahrhundert?« Noch mehr Tränen. »Ich spüre es ganz deutlich, es ist alles vorbei. Mein Leben ist vorbei«, schluchzte sie, »von nun an geht's bergab. Ich werde immer schlimmer aussehen, bis ich irgendwann deswegen gefeuert werde. Die Kinder sind aus dem Haus. Dirk flirtet mit diesem Mädchen – wer weiß, ob er nur flirtet. Und dann? Was kommt dann? Rente und Rückenschmerzen. Bald bin ich eine alte Frau, eine Rentnerin, die von niemandem mehr wahrgenommen wird.«

Unfassbar. Sissi war fünfzig und redete, als wäre sie

zehn, zwanzig Jahre älter. Ich kannte diese Verzweiflung, diese Hilflosigkeit nur von Frauen, die wesentlich älter waren, Frauen ab sechzig, Frauen um die siebzig. Sissi war zwanzig Jahre jünger. Zwanzig Jahre jünger als ich.

Nicht jede von uns durchlebt eine solche Krise, doch in einer Zeit, in der das Altern von Frauen immer weniger mit dem zu tun hat, was sich die Menschen im Allgemeinen darunter vorstellen, kann man auch nicht mehr von Ausnahmen sprechen. Ich weiß nicht genau, warum sich Sissi gerade mir anvertraute. Ja, sie war eine gute Freundin, wir kannten uns seit vielen Jahren, aber sie hatte andere, gleichaltrige Freundinnen, die ihr näherstanden. Vielleicht lag es gerade an meinem Alter, vielleicht hatte es damit zu tun, dass ich selbst in den letzten zwanzig Jahren eine Menge durchgemacht hatte. Vielleicht wusste sie auch, dass ich zu dem Thema einiges zu sagen hatte, auch wenn ich noch nie darüber geschrieben hatte.

Ich nahm es als Kompliment. Und suchte weiter nach Taschentüchern. Was sollte ich denn nun sagen? Wie könnte ich ihr helfen? Also: die Wechseljahre. Klar, dass sie ein bisschen emotionaler war als sonst, dass sie nicht recht wusste, wohin mit sich. Doch was sie sagte, war nicht von der Hand zu weisen, ihr Problem war echt, ich konnte es nicht abtun. Die meisten Frauen stellen irgendwann überrascht fest, dass sie älter werden, und je älter sie sind, desto offensichtlicher ist ihr Problem. Wir haben vom

Altern völlig überholte Vorstellungen, das macht es so absurd. Als Gesellschaft treten wir uns quasi selbst auf die Füße. Wir werden immer älter, sind aber nicht bereit, uns darauf einzustellen. Stattdessen stakst eine Parade von Models über die Bildschirme, die wir bewundern und nachahmen sollen. Die merkwürdige Einstellung der Gesellschaft zum Alter hat sich nicht geändert, sie hat sich sogar verfestigt. Alte Menschen, besonders alte Frauen, werden schlicht nicht wahrgenommen. Sie kommen nicht vor. Kaum einer kann sich den längst überholten Vorurteilen entziehen, die alte Menschen als hässlich, tattrig und unwert abtun, dabei sollten es einige von uns wirklich besser wissen. Nur beim Wein, bei Möbeln und historischen Bauwerken gewinnt man dem Alten etwas Positives ab.

Sissi ist fünfzig, und das bedeutet, sie ist nicht alt. Selbst mit sechzig oder siebzig wird sie nicht alt sein. Sie ist attraktiv, gesund und quicklebendig. Wenn sie nicht gerade auf dem Sofa liegt und heult, strahlt sie ein gewisses Selbstvertrauen aus. Sie sieht anders aus als die Frauen der vorangegangenen Generation. Ihr Auftreten ist ein ganz anderes, ihr Selbstbild, ihr Lebensstil. Als die Generation ihrer Mutter in diesem Alter war, hatten die Frauen andere Erwartungen. Erwartungen, die mit Sissi nichts mehr zu tun haben. Sie ist einfach in eine neue Phase eingetreten, eine Phase, in der die Person, die sie geworden ist, kaum noch zu dem Bild passt, das die Gesellschaft, und unbewusst wohl auch sie selbst, von einer Frau ihres Alters hat.

Sissi hat die erste Welle des Feminismus in den Siebzigern nicht erlebt, sie war noch zu jung. Sie hat nicht gesehen, wie Millionen von Frauen aufgebrochen sind, um ein völlig neues Terrain zu erobern. Uralte Vorurteile schlugen ihnen entgegen, während sie unter den schwierigsten Umständen versuchten, ihr Leben neu zu gestalten. Und auch wenn Sissi von all dem damals noch nichts verstehen konnte, so steht sie doch heute vor ganz ähnlichen Problemen. Sissi muss aufbrechen. Es ist Zeit für eine neue Revolution.

»Hör mal, Sissi«, fing ich an, »du bist jetzt fünfzig. Wahrscheinlich hast du noch fast die Hälfte deines Lebens vor dir. Natürlich wirst du älter, das ist aber nichts Neues. Seit deiner Geburt wirst du älter. Dein ganzes Leben ist eine einzige Veränderung, und das wird auch weiter so sein. Aber du bist, wer du bist. Du bist einzigartig, du bist wertvoll, das war doch schon immer so. Du musst die Jahre, die noch vor dir liegen, nutzen und etwas ganz Besonders daraus machen. Sonst schlitterst du einfach langsam ins Vergessen. Das kostet natürlich Mut. Es kostet Kraft, gegen Konventionen anzugehen, und manchmal ist man dabei auch allein.«

Oder? Stimmte das überhaupt? Nicht unbedingt. Sissi war nicht allein. Ich kenne eine Menge Frauen, die, jede auf ihre Art, in den letzten Jahren und Jahrzehnten ihres Lebens einen neuen Weg gegangen sind. Einige haben sich ganz neu erfunden. Die meisten waren glücklicher, zufriedener als je zuvor.

Die ersten Feministinnen brauchten Vorbilder, und die fanden sie auch. Frauen, die ihnen vorausgegangen waren, deren Erfolge sie inspirierten.

»Sissi«, sagte ich, »denk mal an Marianne, an Angela und Sarah. Sie haben sich auch nicht der Verzweiflung hingegeben, nur weil sie älter geworden sind. Was für großartige Frauen!« Marianne hatte, nachdem ihre Kinder aus dem Haus waren, eine Ausbildung gemacht. Mit fünfundfünfzig konnte sie nochmal dastehen und von sich sagen: Jetzt darf ich mich Fotografin nennen. Als Angela sechzig war, hat ihr Mann sie verlassen. Erst war sie sehr zögerlich, doch bald blühte sie auf, reiste durch die ganze Welt und baute sich einen neuen Freundeskreis auf. Und Sarah hatte mit siebenundsechzig einen alten Studienfreund wieder getroffen. Sie hatten sich gleich verliebt und ein neues, ein gemeinsames Leben begonnen.

Sissi erhob sich aus der Seitenlage und putzte sich die Nase. »Und Michi«, sagte sie nachdenklich.

»Und Christiane«, fügte ich hinzu, alles gemeinsame Freundinnen. »Oder denk an Gesine Schwan. Beinahe unsere erste Bundespräsidentin. Hat mit einundsechzig geheiratet. Das war noch nicht alles, Sissi. Eigentlich geht es jetzt erst richtig los.«

Wir redeten noch eine lange Zeit so weiter. Einmal ging ich zum Telefon und rief Dirk an. Er solle sich keine Sorgen machen, erklärte ich, Sissi sei bei mir, sie würde bei mir schlafen und nach dem Frühstück nach Hause kommen. Wir sprachen über die Schwierigkeiten, über das, was uns beschäftigt, wenn wir älter werden. Vor allem aber sprachen wir über die Frauen, die wir kannten oder von denen wir gehört hatten, die diese Schwierigkeiten überwunden hatten. Gegen drei Uhr am Morgen schlossen wir eine Art Pakt: Sissi würde sich aufraffen, auf ihr bisheriges Leben zurückblicken und sich klarmachen, was sie erreicht hatte. Sie würde neue, positive Ideen für die Jahre, die vor ihr liegen, entwickeln. Und sie würde mir Frauen vorstellen oder mir von ihnen erzählen, Freundinnen, Bekannte, denen es ähnlich ergangen war. Ich versprach im Gegenzug, dass ich mich in das Thema einarbeiten und Frauen interviewen würde, die den traditionellen Erwartungen nicht entsprochen haben, die aus dem letzten Lebensabschnitt etwas Besonderes gemacht haben. Einige kenne ich gut, andere muss ich noch finden. Ich hatte sowieso vor, einige Monate in Berlin zu verbringen. Wir würden uns regelmäßig treffen und sehen, wie weit wir gekommen waren.

Aus unserem nächtlichen Pakt ist dieses Buch entstanden.

2 ANDERS ALTERN

»Habe ich dir eigentlich mal erzählt, dass meine Mutter meinen Vater verlassen hat? Das war 1979, genauer gesagt am 5. Dezember 1979. In ihren Siebzigern ist sie mit einem anderen Mann durchgebrannt, einem achtzigjährigen Witwer.«

Sissi, die es sich einige Tage später erneut auf dem Sofa bequem gemacht hatte, wäre beinahe auf den Boden gerutscht. »Durchgebrannt ist vielleicht nicht der richtige Ausdruck«, fuhr ich fort. »Sein Häuschen lag an derselben Straße, ein paar hundert Meter weiter. Sie ist einfach rübergezogen.«

»Und was haben die Leute gesagt?«, fragte Sissi. »War das nicht ein Skandal?«

»Na ja, ein paar haben die Nasen gerümpft, und es gab einige unangenehme Situationen. Kein Wunder in so einem kleinen Dorf. Aber die beiden waren glücklich miteinander, bis zum Schluss.«

»Und dein Vater?«

»Der war auch glücklich. Er lernte kochen. Er hat sich sogar noch einmal verliebt, geheiratet haben sie aber nicht. Und er hatte zum Schluss ein viel besseres Verhältnis zu seinen Kindern und Freunden. Vielleicht haben die Leute im Dorf das letztendlich so akzeptiert, weil es nicht zum ersten Mal in der Gegend passiert war. Dabei war es nur ein Weiler, hundertfünfzig Leute in ein paar Häusern in Nordengland. Einer aus dem Dorf, ebenfalls in dem Alter, hatte seine Frau verlassen und eine neue, auch schon deutlich gereifte Liebe gefunden. Und gerade erst war ein Paar zugezogen, die beide gerade erst ihre Ehepartner verlassen hatten, um den Lebensabend gemeinsam verbringen zu können. Damals glaubten wir alle, dass die Häufung von Altersliebschaften in der winzigen Gemeinde ein bizarrer Zufall sein musste. Wir haben uns darüber lustig gemacht: Bestimmt irgendwas im Trinkwasser. Aber weißt du, Sissi, das stimmt nicht. Es lag nicht am Wasser. Das war schon der Beginn von etwas Neuem, damals.«

Das konnten meine Eltern und ihre Nachbarn natürlich nicht wissen. Sie sahen nicht, dass sie am Anfang einer gigantischen, beinahe tektonischen Verschiebung der Lebensverhältnisse standen. Doch nun, drei Jahrzehnte später, ist der letzte Zweifel ausgeräumt: Die sieben Lebensalter, die Shakespeare besungen hat, sind auf wundersame Weise durcheinandergeraten. Noch nie haben sich ältere Menschen so jung gefühlt, noch nie haben sie so gut ausgesehen. Sie leben länger als jede Generation zuvor. Noch vor hundert Jahren konnte der Durchschnittsmensch nicht erwarten, seinen vierzigsten Geburtstag zu erleben.

Jetzt werden wir im Schnitt beinahe achtzig Jahre alt. Dabei ist das Leben nicht wie eine Schnur, die einfach Stück um Stück verlängert wird. Eher schon wie ein Gummiband, das sich gleichmäßig, über die ganze Länge auseinanderziehen lässt. Wenn es also heißt, dass sechzig das neue vierzig ist oder auch siebzig das neue fünfzig, dann kann man das durchaus ernst nehmen.

Wann ist man eigentlich alt?, fragten wir uns. Wann fängt das heutzutage an?

Die zweite Lebenshälfte hat mit dem, was sich unsere Großeltern darunter vorstellten, heute nur noch wenig zu tun. Als ich zu recherchieren begann, kam ich aus dem Staunen nicht mehr heraus. Ich stieß auf Regierungsmitglieder in den Vierzigern, Fünfzigern, die Kinder bekommen hatten, während sie im Amt waren. In den Parks, auf den Wegen, über die einst unsere gebeugten Eltern und Großeltern mit ihren Spazierstöcken geschlichen sind, joggen jetzt glückliche Sechzigjährige. In Großbritannien ist die Verbrechensrate bei den über Sechzigjährigen steil angestiegen, auch das leider eine Folge der zu beobachtenden Verschiebung. Und dann sind da noch die über Siebzigjährigen … Vor dem Fernsehbildschirm wurde ich einmal Zeugin davon, wie ein junger Mann eine fünfundsiebzigjährige Frau bei einer akrobatischen Tanzaufführung über eine Bühne schleuderte. Die Frau trug einen Turnanzug. Der irische Schauspieler Colin Farrell, damals ein umwerfend gutaussehender Neunundzwanzigjähriger, gab in einem Fernsehinterview einmal zu, dass er verzweifelt versucht hätte, seine Kollegin Dame Eileen Atkins zu verführen – zu einem Zeitpunkt, als diese auf ihren siebzigsten Geburtstag zusteuerte. »Ich habe alles darangesetzt«, erklärte er trocken, »ich wollte nichts unversucht lassen. Sie ist so unglaublich attraktiv, sie ist so klug, so schlagfertig…« (Dame Eileen lehnte äußerst geschmeichelt ab). Vergessen wir nicht Jane Fonda, Jahrgang 1937, die jedem, der es hören will, erklärt, dass der Sex mit siebzig besser sei als je zuvor – was auch von wissenschaftlicher Seite bestätigt wird. Sie hat verkündet, dass sie einen erotischen Film drehen möchte mit einer Siebzigjährigen in der Hauptrolle. Die zentrale Verführungsszene hat sie schon geplant.

Es wird noch besser: In einer Umfrage der Vanity Fair zu den begehrenswertesten Singles der Welt belegte die Fernsehmoderatorin und Komikerin Betty White kürzlich den vierten Platz. Mit achtundachtzig. Auf Platz eins lag Jennifer Aniston, die mit über vierzig auch kein Küken mehr ist. Eine der Frauen, die wir später vorstellen wollen, ist mit über neunzig noch in die Politik gegangen. Und Carmen Herrera, eine in Kuba geborene Künstlerin, verkaufte mit neunundachtzig ihr erstes Bild und galt mit vierundneunzig als heiße Neuentdeckung der New Yorker Kunstszene. Auf einmal standen Sammler und Kuratoren Schlange, um ihre Arbeiten zu kaufen.

Die Vorstellungen, die Sichtweisen und Möglichkeiten haben sich also radikal verändert. Die letzten Tabus fallen, und ein ganz neues Bild der zweiten Lebenshälfte entsteht. Es liegt also nahe, dass wir unsere Lebensplanung dementsprechend anpassen. Und? Tun wir das auch?

Leider ist es wohl so, dass die überkommenen, uralten Vorurteile über den letzten Lebensabschnitt ganz tief in unserem Unterbewusstsein lagern. Sissis Krise hat das deutlich gezeigt. Spätestens mit fünfzig verschwinden die Menschen, besonders die Frauen, aus Spielfilmen, aus Fernsehsendungen, aus der Werbung, aus den Hochglanzmagazinen, als wären nur die Jüngeren (und Schöneren) es wert, dass man sie betrachtet. Als hätten ältere Menschen überhaupt kein Leben. Die Kosmetikindustrie und die plastischen Chirurgen verdienen Unmengen mit dem Versprechen der ewigen Jugend. Die bösen alten Hexen unserer Kindermärchen, die alten Weiber von damals, verfolgen uns bis in die Gegenwart hinein. Selbst im Gespräch mit den empfindsamsten und aufgeklärtesten Freunden werden wir immer wieder damit konfrontiert, dass das Alter weder geschätzt noch gewürdigt wird. Selbst in unseren eigenen Köpfen, dort, wo es am gefährlichsten ist, entdecken wir immer wieder Vorurteile.

Wer daran zweifelt, sollte sich einmal selbst fragen: Was verbinde ich eigentlich mit dem Wort alt? Wer ehrlich ist, muss zugeben, dass die negativen Eigenschaften, die unschönen Adjektive vorherrschen:

hinfällig, hässlich, senil, hilflos ... Wir sehen erst einmal einen Menschen vor uns, der irgendwie weniger ist, als er einmal war. Ist nicht gerade diese negative Konnotation der Grund, warum das Wort alt in vielen der Vereine, in denen sich ältere Menschen organisiert haben, gelegentlich sogar unter Androhung einer Geldstrafe, verboten ist? Warum sonst hätte die amerikanische Autorin Gail Sheeny ihr Buch »Sex and Seasoned Woman« genannt? Warum spricht man heute lieber von Senioren als von alten Menschen?

Es gibt viele Frauen wie Sissi. Ich erinnere mich an Freunde und Bekannte, die zu runden Geburtstagen in tiefe Depressionen fielen, weil sie glaubten, nun plötzlich alt zu sein. In der vorangegangenen Generation war das wohl eher der vierzigste Geburtstag, heute ist es meistens der sechzigste, der siebzigste. Sissi ist nur ein wenig vorgeprescht.

Das Verhältnis zum Alter war auch schon einmal ein anderes, wie man leicht nachlesen kann. Von Spaß war natürlich nie die Rede, ganz im Gegenteil. Aber es herrschte ein gesunder Respekt vor der Altersweisheit, vor den Erfahrungen, die den körperlichen Niedergang zumindest teilweise kompensierten. Doch das war zu Zeiten, als die meisten Menschen nicht einmal fünfzig Jahre alt wurden. Wer sechzig wurde, konnte sich schon glücklich schätzen. Heute sieht es ganz anders aus. Heute hat sich durch die Industrialisierung, den technischen Fortschritt und die erhöhte

Lebenserwartung die Situation stark gewandelt. Das Alter ist tatsächlich eine der größten Errungenschaften der modernen Gesellschaft, und dennoch wird es uns bis heute als Horrorbild vorgeführt. Politiker erschaffen Szenarien, in denen alte, hilflose Wesen durch die Flure überfüllter Heime schlurfen. Sie beschwören eine Masse alter Menschen herauf, die dement und bettlägrig und inkontinent sind und von einer schrumpfenden Anzahl junger, nicht gerade begeisterter Menschen unterstützt werden. Kein Wunder, dass wir Angst haben. Doch das gängige Bild ist ein Zerrbild der Wirklichkeit.

Selbstverständlich stellt die Überalterung der Bevölkerung eine große Herausforderung dar, die wir nicht ignorieren dürfen. Doch was in den Diskussionen meist verschwiegen wird, ist, dass in Deutschland 92,7 Prozent der über Fünfundsechzigjährigen eben nicht an Alzheimer leiden, dass 96 Prozent von ihnen nicht in Altersheimen leben. Auch dass anderthalb Millionen zu Hause betreut werden, gehört hierher. Und während der Anteil der Alten an der Bevölkerung weiter steigen wird, und ihre Gebrechen, einschließlich der Demenz, eine immer größere Herausforderung darstellen werden, gibt es doch Anzeichen, dass sie in der Mehrheit lange gesund bleiben und in der Lage sind, bis ins hohe Alter hinein ein produktives Leben zu führen. Die Gesellschaft muss es nur zulassen.

Die alten Vorurteile sind tief verwurzelt. Sie verstellen uns den Blick auf die Herausforderung und verhindern, dass wir Lösungen finden. Zwei führende amerikanische Sozialpsychologen, die Professoren Kenneth J. und Mary Gergen, bezeichnen eine solche Situation als Defizitdiskurs. Sie meinen damit, dass Menschen eine bestimmte Situation vorschnell als »Problem« bezeichnen, obwohl sie das an sich gar nicht sein muss, und ihr schon aufgrund dieser Bezeichnung kaum mehr etwas Postives abgewinnen können. Die Gergens sind überzeugt davon, dass die negative Sicht auf das Alter ein kulturelles Konstrukt ist, das aufgehoben werden kann. Vielleicht sind sie ein wenig zu optimistisch, schließlich ist die Aversion psychologisch tief verwurzelt. Andererseits sind die Vorstellungen über die Minderwertigkeit der Frauen, die tausende von Jahren vorgeherrscht haben, mit der feministischen Revolution bei uns im Westen mindestens zum Teil fortgefegt worden, woran man erkennen kann, dass Einstellungen, die wir für unumstößlich gehalten haben, nicht immer in Stein gemeißelt sind. Statt über die alternde Bevölkerung zu jammern, können wir auf der anderen Seite auch sagen, dass die Menschen immer länger jung bleiben.

Ich habe es als gutes Omen verstanden, dass die Bundesministerin für Familie, Senioren, Frauen und Jugend, Frau Schröder, just zu dem Zeitpunkt, als ich begann dieses Buch zu schreiben, eine Kampagne ins Leben rief, um das Bild der alten Menschen in unserer Gesellschaft zu verändern. »Noch immer wird das

Alter überwiegend mit Krankheit und Tod assoziiert«, erklärte die Ministerin, »dabei erleben heute viele Menschen den Lebensabschnitt zwischen fünfundsechzig und fünfundachtzig Jahren aktiv und gesund. Ich möchte verhindern, dass ältere Menschen ihre Fähigkeiten und Chancen nicht ergreifen, weil ihnen keine entsprechenden Möglichkeiten geboten werden ... Wir brauchen ein neues Bild vom Alter, das die Stärken älterer Menschen betont und dazu beiträgt, dass sie ihren Beitrag in Wirtschaft und Gesellschaft leisten können.« Zur Kampagne gehörten verschiedene Tagungen und ein Foto- und Videowettbewerb mit dem Thema: Was heißt schon alt?

Ein neues Bild vom Alter ist dringend nötig. Kaum ein Monat vergeht, in dem uns nicht eine neue Studie präsentiert wird, die mit den überkommenen Vorstellungen aufräumt. Allein die neuen Veröffentlichungen, die zu dem Thema erschienen sind, während ich für dieses Buch recherchierte, waren kaum zu bewältigen. Hinter den Kulissen arbeitet eine Armee von Wissenschaftlern, die überzeugt sind, dass der Alterungsprozess ganz anders aussieht, als wir allgemein annehmen, dass ihm eine Menge Positives abzugewinnen ist. Unser Leben verläuft nicht in einer bogenförmigen Kurve, die mit dem körperlichen Aufwachsen und dem Erlangen bestimmter Fähigkeiten beginnt, ihren höchsten Punkt in der Mitte des Lebens erreicht, wenn wir, so hat man uns gelehrt, unsere Fähigkeiten voll entfaltet und unsere gesellschaftliche Stellung ausgebaut haben, und mit einem unaufhaltsamen Abstieg langsam ausläuft. Zum Beispiel haben Neurologen mit der traditionellen Vorstellung aufgeräumt, dass das alternde Gehirn ständig graue Zellen verliert, und dass dieser Verlust unwiderruflich ist. Das Gehirn, so wissen wir heute, kann sich auch im Alter noch entwickeln, bis ganz zum Schluss wachsen neue Zellen. Die Wissenschaftler haben uns auch erklärt, dass wir nicht ab Mitte vierzig geistig abbauen, nur weil wir hin und wieder unsere Brille verlegen oder Namen vergessen. Auch wenn das menschliche Gehirn mit vierzig, fünfzig oder siebzig das ein oder andere vergisst oder für bestimmte Denkaufgaben etwas länger braucht, ist es tatsächlich eine beeindruckendere Maschine – nicht weniger bemerkenswert als das jugendliche Gehirn, das mit größter Leichtigkeit historische Daten herunterrattern kann. Denn die Erfahrung und das Wissen haben es in einer Weise verändert, die wir uns kaum vorstellen können.

Die Wissenschaft hat auch herausgefunden, dass wir Einfluss auf den Alterungsprozess nehmen können, indem wir uns körperlich und geistig fit halten, Freundschaften pflegen und neue Kontakte knüpfen. Wenn wir dagegen erwarten, dass wir hilflos und abhängig werden, dann müssen wir auch damit rechnen, dass es so kommt. Erwiesen ist auch, dass Menschen, die über ihre offizielle Pensionierung hinaus arbeiten, im Durchschnitt gesünder sind und länger leben als solche, die es nicht tun. Dies gilt für Vollzeit- genauso wie für Teilzeitbeschäftigungen.

Trotz Gelenkschmerzen, Weitsichtigkeit und Gedächtnislücken sind die Menschen glücklicher, je älter sie werden. Natürlich spielen hier die einzelnen Persönlichkeiten eine große Rolle, die Umstände, unter denen sie leben, und auch das Geschlecht (Frauen sind glücklicher als Männer). Der Bildungsgrad ist entscheidend und das Einkommen, auch wenn die Beziehung zwischen Wohlstand und Glück komplexer ist, als oft angenommen wird, und manchmal sogar umschlägt.

Doch auf der ganzen Welt, in den ärmsten wie in den reichsten Ländern, ist eines immer gleich: Typischerweise sind die Menschen glücklich, wenn sie jung sind, doch die gute Laune verfliegt, sobald die mittleren Jahre erreicht sind. (Vielleicht liegt es an den Teenagern, die durch das Haus poltern? Oder an der Midlife-Crisis?) Mit vierzig oder fünfzig – siehst du, Sissi? – ist der Tiefpunkt erreicht. Das globale Mittel für die Krise hat sich bei sechsundvierzig eingependelt. Dann fangen wir uns ein wenig und werden langsam aber sicher immer glücklicher, gerade den Alten gelingt es, Zufriedenheit herzustellen, indem sie auf ihre Lebenserfahrungen zurückgreifen. In der Wissenschaft wird das als U-Bogen bezeichnet. Er verspricht nicht nur Trost für Menschen, die voller Kummer auf ihre Zukunft blicken, er hat auch praktische Konsequenzen. Glückliche Menschen sind gesünder und produktiver als unglückliche. Das haben verschiedenste Forschungsprojekte an mehreren Universitäten und öffentlichen Instituten, in denen über vierzig Jahre Langzeitbeobachtungen durchgeführt wurden, gezeigt. In zweiundsiebzig Ländern der Erde wurde das Glück gemessen. Präsentiert wurde die Studie 2010, in der Weihnachtsausgabe der Zeitschrift Economist – ein Geschenk an die Leser mittleren und fortgeschrittenen Alters. Das Fazit lautete: Die Welt wird heller, je grauer sie wird. Eigentlich stand in dem Bericht nichts Neues. Vieles davon hatte man auch früher schon anderswo lesen können. Doch das Interesse an alten Menschen war offenbar so gering, dass sich außerhalb der akademischen Kreise und einiger Ausschüsse kaum jemand darum gekümmert hat.

Im Deutschen Alterssurvey von 2010, den das Bundesministerium für Familien, Senioren, Frauen und Jugend in Auftrag gegeben hat, steht zu lesen, dass im Erhebungsjahr 2008 61 Prozent der älteren Deutschen (zwischen fünfundfünfzig und fünfundachtzig Jahren) mit ihrem Leben zufrieden waren, bei den etwas jüngeren (vierzig bis vierundfünfzig Jahre) waren es nur 56 Prozent. Soviel ich weiß, ist niemand auf die Idee gekommen, aus dem Ergebnis eine Schlagzeile zu machen.

Selbst Wissenschaftler müssen offenbar einen großen inneren Widerstand überwinden, denn als die britische Warwick Business School, deren Forscher den U-Bogen bereits Anfang der Neunziger beobachtet hatten, eine Tagung zum Thema organisierte, meldete sich niemand an.

Interessanterweise waren es nicht Psychologen oder Soziologen, die den U-Bogen entdeckten, sondern Wirtschaftswissenschaftler und Politologen. Es begann mit dem Versuch, das Befinden der Menschen direkt zu messen, statt, wie sonst üblich, über Wohlstand, Bruttosozialprodukt oder Pro-Kopf-Einkommen. Inspiriert wurde der neue Weg vom König des Himalaya-Reichs Bhutan, der Anfang der Siebzigerjahre, nachdem er den Thron bestiegen hatte, den Begriff des Bruttonationalglücks prägte. König Jigme Singye Wangchuck suchte nach einem Leitfaden, nach dem er sein kleines, buddhistisch geprägtes Land modernisieren konnte. Im Westen nahm man diese Idee auf. Heute suchen Abgeordnete und Experten in einer Enquete-Kommission des Bundestags nach ähnlichen Wegen, um das Wohlbefinden der Öffentlichkeit zu messen. Auch in Großbritannien, Frankreich und den USA gibt es vergleichbare Bemühungen.

Nicht nur die Wissenschaft, auch die Personalabteilungen vieler Firmen haben inzwischen eingesehen, dass ältere Angestellte mindestens ebenso leistungsfähig, gewissenhaft, produktiv, zuverlässig und loyal sein können wie ihre jüngeren Kollegen. Nur eine Benachteiligung bringen sie mit: Sie können den physischen und psychischen Stress bestimmter Arbeiten nicht so lange ertragen. Doch das Problem ist längst nicht mehr so akut wie früher. Zumindest die Arbeitsstellen, die Kraft und körperlichen Einsatz verlangen, werden immer seltener.

In den USA, wo die Finanzkrise tiefe Löcher in Spareinlagen und Pensionskassen gerissen hat, gibt es eine breite Diskussion über die Möglichkeiten und den Wunsch alter Menschen, am Arbeitsleben teilzunehmen. Daraus sind sogenannte Nachschlagkarrieren entstanden, die vielen Menschen, die sich selbst, ihre Talente und Erfahrungen wiederverwerten möchten, ein Einkommen und eine sinnvolle Beschäftigung bieten. Dies gilt nicht nur für Rentner, sondern auch für die mittleren Jahrgänge, die vielleicht sogar Einkommensverluste hinnehmen, um berufliche Wege zu gehen, die ihnen sinnvoller erscheinen. Eine amerikanische Organisation namens Civic Ventures hat ein Programm namens Encore Careers ins Leben gerufen. Hier werden Menschen beraten und teilweise umgeschult, um dort helfen zu können, wo sie gebraucht werden: im medizinischen Bereich, in der Bildung, bei den sozialen Diensten und bei Wohltätigkeitsverbänden. Manche bauen noch mit über sechzig neue Firmen auf. Doch das Thema ist in der Gesellschaft noch lange nicht so präsent, wie es sein sollte. Mary und Kenneth J. Gergen, die amerikanischen Soziologen, schreiben regelmäßig einen Newsletter über die Entwicklungen des neuen Alterns. Er heißt »Positive Aging« und erscheint in fünf Sprachen, auch auf Deutsch. Er liefert umfassende Informationen für Experten und Fachleute. Aber darüber hinaus soll er auch Hoffnung stiften und älteren Menschen Mut machen, ihr Schicksal in die Hand zu nehmen.

Auch die Bundesregierung hat verschiedene Initiativen und Pilotprojekte ins Leben gerufen, etwa um Arbeitgeber dazu zu bringen, ältere Mitarbeiter zu würdigen, ihre Kompetenzen und Erfahrungen zu nutzen und die Personalpolitik entsprechend anzupassen. Wenn beispielsweise ältere Verkäuferinnen gezielt ausgebildet werden, um ältere Kunden zu bedienen, so entsteht eine Kundenbindung, die sich auszahlt. Es gibt auch Projekte, die ältere Leute ermutigen sollen, sich freiwillig zu engagieren. Doch sie musste unlängst einräumen, dass die Personalpolitik der Unternehmen in diesem Bereich noch einiges aufzuholen hat. Laut einer im Herbst 2010 vom Familienministerium in Auftrag gegebenen Studie bestätigen 80 Prozent der befragten Unternehmer, grundsätzlich eine positive Einstellung zu älteren Arbeitnehmern zu haben. Doch nur die wenigsten von ihnen, vor allem kleinere und mittlere Unternehmen, ergriffen tatsächlich die notwendigen Maßnahmen, wie Nachschulungen und Teilzeitarbeit, um ältere Menschen in den Arbeitsprozess zu integrieren. Die älteren Arbeitnehmer in diesen Betrieben bewerteten entsprechende Bemühungen ihrer Arbeitgeber, wenn sie sie überhaupt wahrgenommen hatten, ausgesprochen negativ.

Und doch fand das Ministerium heraus, dass die große Mehrheit der älteren Arbeitnehmer – 88 Prozent – dort, wo ein positives Altersbild vorherrscht und unterstützende Maßnahmen ergriffen werden, von einer positiven Selbsteinschätzung berichtete, die zu langfristiger Leistungsfähigkeit und einer erhöhten Zufriedenheit mit der Arbeitssituation beitrug. Waren keine besonderen Maßnahmen zu erkennen, gaben nur 33 Prozent der Angestellten an, mit ihrer Arbeit zufrieden zu sein. Die Auswirkungen, die diese Differenz auf Gesundheit und Produktivität hat, kann man sich ausmalen.

Noch immer gibt es wenige Firmen, die für eine angemessene Weiterbildung der über Vierzigjährigen sorgen. Dabei liegt es auf der Hand, dass gerade Ältere über neue Entwicklungen auf dem Laufenden gehalten werden müssen. Und hier noch eine besonders beeindruckende Zahl: In 41 Prozent der deutschen Unternehmen arbeitet, abgesehen von der Chefetage, niemand über fünfundfünfzig, und dies zu einer Zeit, in der die Wirtschaft händeringend nach Fachkräften sucht – ein Problem, das sich in den nächsten Jahren sicherlich noch verstärken wird.

Sehr erfolgversprechend ist ein von Prof. Jürgen Deller geleitetes Projekt am Institut für Strategisches Personalmanagement der Leuphana Universität in Lüneburg, das Silver-Workers-Projekt. Dort wird untersucht, wie man es Menschen ermöglichen kann, über das Pensionsalter hinaus zu arbeiten. Die Wissenschaftler stellten fest, dass schon heute über vierhunderttausend Menschen im Rentenalter einer geregelten Arbeit nachgehen. Doch die meisten sind Akademiker und andere Freiberufler, für die der Übergang leichter ist. Mit Professor Deller kooperiert das Silver Workers' Institute in Genf, ein führendes Zentrum der Versicherungsbetriebslehre. Dort hat man herausgefunden, dass für die Eingliederung älterer Arbeiter regelmäßige Schulungen ebenso unabdingbar sind wie das ernsthafte Bemühen, die Wünsche dieser Arbeiter zu verstehen. Alles läuft auf Wertschätzung hinaus: Älteren Menschen muss vermittelt werden, dass ihre Erfahrungen und besonderen Kenntnisse gebraucht werden. Es ist an der Zeit, so Professor Deller, dass sich die Unternehmen von ihrem überholten »Jugendwahn« befreien.

Es gibt also eine Menge interessanter Entwicklungen. Doch es wird einige Zeit dauern, bis die neuen Sichtweisen ins öffentliche Bewusstsein dringen und die Gesellschaft als Ganzes ihre Einstellung zum Alter ändert. Mit etwas Glück werden zukünftige Generationen von den gegenwärtigen Umwälzungen profitieren. Doch was bedeutet das heute für eine Frau mittleren Alters, die mehrere Kinder großgezogen hat und in die Arbeitswelt zurückkehren will? Was bedeutet es für eine Frau, die mit sechsundsechzig in die erste Rentnerinnendepression verfällt? Was bedeutet es für eine Fünfundsiebzigjährige, die weiß, dass sie noch einiges draufhat?

Sissi und ich waren uns einig: Wir mussten die Dinge selbst in die Hand nehmen. Vor uns lagen immerhin zwanzig, dreißig Jahre, vielleicht sogar mehr, aus denen wir das Beste machen wollten. Wir beschlossen, die alten Vorstellungen vom Alter über Bord zu werfen und das Leben noch einmal ganz neu zu betrachten. Vergiss, wie viele Jahre du schon hinter dir hast, und mach etwas aus der Zeit, die noch vor dir liegt.

In gewisser Weise haben es Frauen leichter als Männer. Frauen, die in die letzte Lebensphase eintreten, sind heute ganz anders als ihre Mütter und Großmütter. Sie wissen ja längst, dass in der Gesellschaft Veränderungen stattfinden, dass Rollen neu verteilt werden. Es müsste ihnen also leichter fallen, neue Vorstellungen vom Altern zu entwickeln. Auch diejenigen, die während des Krieges oder unmittelbar danach zur Welt kamen, sind direkt oder indirekt von den Entwicklungen späterer Jahrzehnte beeinflusst worden, von den Umwälzungen der Sechziger- und Siebzigerjahre, den verbesserten Bildungsmöglichkeiten, der Pille, der sexuellen Revolution, dem Feminismus und der Gleichberechtigung. Die meisten haben gearbeitet, viele haben Karriere gemacht. Sie waren voller Selbstvertrauen und hatten einiges zu bewältigen. Doch es bedeutete eben auch, dass sie finanziell und gesellschaftlich weniger von ihren Männern abhängig waren. Die Wechseljahre nahmen sie interessiert zur Kenntnis und fragten sich, was eigentlich so furchtbar daran sein sollte, dass die Kinder das Haus verließen.

Nun, da die geburtenstarken Jahrgänge, die ihr Leben lang immer wieder mit neuen Ideen aufwarteten, im Rentenalter sind, ist davon auszugehen, dass sie auch dieses ordentlich durchwirbeln werden. Alt sein, wie unsere Mütter und Großmütter alt waren, ist ausgesprochen unattraktiv, es passt nicht zu dem Selbstbild der neuen Alten. Der Schaukelstuhl aus dem Kaminzimmer landet im Museum. Das Alter ist lediglich eine neue Herausforderung, von denen die Frauen aus meiner Generation doch schon so viele bewältigt haben.

Zu meinem Siebzigsten schmiss ich eine große Party. Ich hatte lange gezögert, weil es darauf hinauslief, dass ich mein Alter verraten musste. Ich hätte noch eine Weile so tun können, als wäre ich wesentlich jünger. Aber warum soll ich mich für mein Alter schämen?, fragte ich mich. Warum soll ich weniger wert sein als eine, sagen wir, Vierzigjährige? Also lud ich alle meine Freunde ein. Und sie kamen. Aus allen Ecken und Enden der Welt reisten sie an. Juli, ein perfekter Sommerabend. Eine Insel in einem kleinen, leise plätschernden Fluss. Ein befreundeter Restaurantbesitzer, der seine Leute über eine schmale, schwankende Brücke schickte, um uns köstliches Essen zu servieren. Und eine Rede. Ich hieß alle willkommen, holte einmal tief Luft und hub an zu einer Rede, mit der niemand gerechnet hatte …

…Viele von uns Frauen hier, besonders die über Vierzigjährigen, wissen nur zu gut, wie es ist, wenn man als Person zweiter Klasse behandelt wird, wenn man nicht für voll genommen wird. Als ich geboren wurde, fielen die Würfel gleich am Anfang des Lebens. Ein Mädchen hatte von vornherein keine

Chance. Später, als wir ins Arbeitsleben drängten, gab es gläserne Decken und gläserne Wände. In meinem Fall kam noch dazu, dass ich in den Siebzigerjahren als verheiratete Frau in Italien landete. Die Idee, dass eine Frau gleichberechtigt neben ihrem Mann stand, hatte sich noch längst nicht durchgesetzt. Selbst vor dem Gesetz waren wir nicht gleich. Dann wurde ich eine alleinstehende Mutter und erdreistete mich, Karriere zu machen. Ich war damals bestimmt keine Feministin, ich versuchte einfach nur, mein Recht einzufordern wie so viele.

Aber die Welt begann sich zu verändern, und ich spürte zu einem bestimmten Zeitpunkt, dass Frauen wie ich einfach akzeptiert wurden, wie wir waren, dass wir uns nicht immer wieder von neuem beweisen mussten. Ein großartiges Gefühl. Doch eines Tages machst du die Augen auf und siehst dich um und denkst: Verdammt, hier ist noch so eine Hürde, über die ich jetzt springen muss! Die Alterdiskriminierung! Plötzlich traust du dich nicht mehr, dein Geburtsdatum anzugeben, wie es in deinen Papieren steht. Plötzlich ist das ein Problem. Meine Freundin Virginia hat von einer Frau in Ungarn gehört, dass in Budapest keine Frau zugibt, älter zu sein als neununddreißig. Und nicht nur in Budapest... Doch wenn man darüber nachdenkt, muss man sich schon fragen, was an einer Neununddreißigjährigen besser sein soll als an einer Neunundfünfzigjährigen. Einer Neunundsechzigjährigen. Na gut, könnte man sagen, das biologische Alter spielt schon eine Rolle. Aber ist denn der Zustand unseres Körpers das einzige, wonach man uns beurteilt? Übrigens ist mir aufgefallen, dass es bei den Männern ganz anders ist. Also, ihr Lieben, dort draußen herrschen noch eine Menge Vorurteile, die bekämpft werden müssen – es soll meine letzte Schlacht werden. Und wenn wir, die hier versammelt sind, gemeinsam nur einen ganz kleinen Schritt in die richtige Richtung tun, dann haben wir schon eine Menge gewonnen. Das wäre wirklich wunderbar. Meine Damen und Herren, ich erhebe das Glas auf die Revolution!

Und wir stießen an und tranken auf die Revolution. Meine Altersgenossen waren begeistert, selbst bei den Jüngeren entdeckte ich ein paar glänzende Augen.

Natürlich ist nicht jede Frau dazu berufen, auf die Barrikaden zu gehen. Die Menschen sind ein wenig wie Bäume. Als Setzlinge sehen sie alle ziemlich ähnlich aus. Doch wenn sie älter werden, entwickelt jeder eine eigene Persönlichkeit, so wie jeder Baum sich anders herausbildet und sich von den anderen unterschiedet. In psychologischer, physischer und sozialer Hinsicht unterscheiden sich die Menschen immer mehr voneinander, je älter sie werden. Wer sich ernsthaft mit den Problemen alter Menschen auseinandersetzt, stellt fest, dass Verallgemeinerungen kaum greifen.

Einige Frauen, deren Leben sehr anstrengend war, die vielleicht ihren Beruf oder ihren Chef gehasst haben, wünschen sich möglicherweise nichts weiter als ein wenig Ruhe. Andere haben Verwandte, die sie versorgen müssen. Wieder andere müssen mit ihren eigenen körperlichen Beschwerden zurechtkommen. Einigen erlegt das Schicksal Prüfungen auf, die kaum zu bewältigen sind. Es gibt viele Frauen, denen es genügt, ihre Enkelkinder zu umsorgen, ihre Häuser und Gärten zu pflegen. Doch es gibt auch genug Frauen, die voller Tatendrang sind und nach einer Aufgabe suchen, die ihr Leben mit neuem Sinn erfüllt.

Die Frauen, die in diesem Buch vorgestellt werden, zeigen, dass die Möglichkeiten, sich zu engagieren, überraschend vielfältig sind. Egal, wie sie ihr Leben gestalten, sie sperren sich gegen die Vorstellung, dass nichts mehr auf sie warten soll als der Tod. Die späten Jahre sind genauso wertvoll wie all die vorangegangenen – wir wollen das Beste aus ihnen machen.

Einige der hier vorgestellten Frauen sind Freundinnen von Sissi und mir, ganz »gewöhnliche« Frauen, die, teils ohne besonderen Vorsatz, aus ihren späten Jahren etwas Bemerkenswertes gemacht haben. Andere der in diesem Buch versammelten Lebensläufe sind alles andere als gewöhnlich: Nicht jede Frau gewinnt einen Nobelpreis und kann noch mit hundertdrei darüber parlieren! Doch ihre Geschichten haben alle eins gemeinsam: Sie zeigen, dass das Alter eine äußerst bereichernde, dynamische Phase sein kann, vielleicht sogar der Lebensabschnitt, der uns den größten Lohn für unsere Mühen beschert.

3 NEUANFANG

Ingrid Weichelt war einundfünfzig, also in Sissis Alter, als sie begann, ein eigenes Leben aufzubauen. Als wir uns einige Jahre später an einem wunderschönenen Frühsommertag in ihrer Heimatstadt Tübingen kennenlernten, erklärte sie: »Ich bin noch nie so glücklich gewesen wie heute.« Ihre Befreiung – denn darum handelte es sich – war nicht das Ergebnis einer impulsiven Entscheidung. Sie hatte lange davon geträumt, sie hatte Pläne geschmiedet und um ihre Freiheit gekämpft.

Drei Männer standen zwischen Ingrid Weichelt und ihrem Glück. Da war ihr Vater, der sich gegen ihren Wunsch gesperrt hatte, Krankenschwester zu werden. Die einzige Ausbildung, die er zuließ, war der Hauptschulabschluss und eine Haushaltslehre. Schließlich solle sie bald heiraten, meinte er, alles Weitere sei in seinen Augen Geldverschwendung. Allerdings entsprach dies damals den gängigen Vorstellungen in dem kleinen, erzkonservativen, katholischen Dorf in Bayern, in dem Ingrid aufgewachsen ist. Außerdem musste der Vater, Besitzer eines Fliesenfachgeschäfts, elf weitere Kinder durchbringen. Doch ihre Mutter hatte es ihr anders vorgelebt. Ingrids Großeltern hatten darauf bestanden, dass ihre sieben Töchter einen Beruf erlernten. Ihre Mutter war Schneiderin. Und so verstand Ingrid schon früh, dass der Beruf eine gewisse Selbstständigkeit, nicht nur finanzieller Art, mit sich brachte.

Anfangs sah es jedoch aus, als sollte der Vater mit seinen Vorstellungen recht behalten. Mit neunzehn wurde Ingrid schwanger, mit zwanzig heiratete sie. Trotzdem bestand sie darauf, eine Ausbildung zur medizinisch-technischen Laborassistentin zu machen. Ihr Mann, ein Großhandelskaufmann, wollte davon nichts wissen. »Ich will nicht, dass du schlauer bist als ich«, meinte er. Damit war alles gesagt. Ingrid war einundzwanzig, als sie sich scheiden ließ, sie versorgte ein kleines Kind und war erneut schwanger.

Sie absolvierte die Ausbildung zur MTA und arbeitete als Laborassistentin in einem Bundeswehrkrankenhaus. Und als ihr zweiter Ehemann in ihr Leben trat, war sie diejenige, die die schnell wachsende Familie ernährte, während er sich auf seine Laufbahn als Berufsschullehrer vorbereitete. Als er selbst beruflich etabliert war, wünschte er, dass sie die Arbeit aufgab und sich um die Familie kümmerte. Sie hatte gerade ihr viertes Kind zur Welt gebracht. Nach einigem Zögern gab sie nach und wurde Hausfrau. Doch es gab Probleme in der Ehe, sie war todunglücklich. »Ich wusste, ich musste etwas tun. Sonst wäre ich durchgedreht«, sagte sie. Und so begann sie, systematisch und vorsichtig ihre Flucht vorzubereiten. Das wichtigste war eine ordentliche Ausbildung. Mit vierzig meldete sich sie beim Abendgymnasium an, vier Jahre später hielt sie ihr Abiturzeugnis in Händen. Wie schwierig es gewesen sein muss, neben den häuslichen Verpflichtungen, der Versorgung von Haus, Mann und Kindern, diese Schulausbildung zu absolvieren! Zumal sie immer das Gefühl hatte, dass ihre Leistungen zu Hause nie wirklich geschätzt wurden. Also nutzte sie sofort ihre Chance: Sie schrieb sich in Tübingen für die Studiengänge Empirische Kulturwissenschaft und Pädagogik ein und verfasste schließlich eine Magisterarbeit zum Thema »Die Lügen beim Seitensprung im Geschlechtervergleich«, auf der Grundlage von Daten, die sie in Internetchats gesammelt hatte.

Nach ihrem Abschluss stellte sich die Frage, was sie mit ihrer Ausbildung anfangen sollte. Eigentlich hatte sie in die Erwachsenenbildung gehen wollen, doch das Arbeitsamt für Hochschulabsolventen konnte einer knapp fünfzigjährigen Frau kaum Hoffnung machen. Ganz im Gegenteil, sie begegnete dort den alten, typischen Vorurteilen. »Was wollen Sie denn? Sie sind doch verheiratet«, sagte man ihr. Und wenn sie darauf bestand, dass sie unabhängig werden wollte, kam nur die Antwort: »Dann lassen Sie sich scheiden, dann kriegen Sie Unterhalt und können davon leben.« Ingrid traute ihren Ohren nicht. Sie war wütend. Doch sie gab nicht auf und machte sich bewusst, was sie zu bieten hatte: eine Menge Wissen über Lügen, Ehebruch und Beziehungsprobleme und die Erfahrungen, die sie bei der Sammlung ihrer Daten gemacht hatte. Sie wusste, wie man Interviews führte und Beratungsgespräche gestaltete. Sie hatte Seminare zum Thema Onlineberatung belegt. Sie verstand etwas von Consulting und Coaching und spürte nun, dass gerade in diesem Bereich ihr Alter ein Vorteil war. Denn mit einundfünfzig brachte sie Fähigkeiten und eine Lebenserfahrung mit, die von einer Hochschulabsolventin in den Zwanzigern einfach nicht zu erwarten waren.

Sie nahm an einem Seminar für Existenzgründungen teil und lernte, wie man ein Geschäft aufzieht, wie man Kunden findet, wie man für seine Leistungen wirbt, wie man sich im Internet präsentiert und vieles mehr. 2004, endlich, war es so weit: Sie gründete das Institut für Kommunikations- und Verhaltenskultur und begann, Menschen zu beraten, die von Seitensprüngen und Dreiecksbeziehungen beeinträchtigt waren.

Solche Geschichten findet man im hübschen, kleinen Tübingen ebenso wie überall sonst auch. Ingrids Initiative wurde auch in den Medien zu einem Thema, und dann dauerte es nicht mehr lange, bis sie in ihrem Büro, öfter noch am Telefon oder über das Internet, eine ganze Reihe von Klienten beriet. Da die meisten tagsüber beschäftigt waren, arbeitete sie häufig abends. Sie ging lösungsorientiert vor und bemühte sich, die Beratung auf etwa sechs Sitzungen zu begrenzen. Meistens genügte das. Jede Seite fand bei ihr Gehör: der Untreue, der Betrogene, die Geliebte. Auch mit anderen Beziehungsproblemen kamen Klienten zu ihr. Die meisten waren Männer, anfangs bis zu 90 Prozent. »Frauen brauchen Beratung weniger«, erklärte sie. »Sie haben ihre Freundinnen, mit denen sie alles besprechen können. Die Männer können nicht mit anderen Männern über so was reden.« Männer sehen das, was sie tut, als Dienstleistung an. Und trotzdem sind über die Jahre immer mehr Frauen zu ihr gekommen, inzwischen kümmert sie sich überwiegend um Frauen, die von ihren Männern betrogen worden sind. Es gibt einige wenige Kategorien, in die die meisten Fälle einzuordnen sind. Männer langweilen sich nach einigen Jahren beim ehelichen Sex und suchen nach neuen Erfahrungen, neuen Reizen. Frauen wünschen sich, erneut begehrt zu werden. Sie suchen jemanden, mit dem sie reden, dem sie vertrauen können. »Es ist immer dasselbe«, sagt Ingrid mit einem Lachen, »alle Studien kommen zu demselben Ergebnis.«

Im Jahr 2010 beschloss sie, wieder eine neue Richtung einzuschlagen, und machte eine Ausbildung zur systemischen Sexualtherapeutin. Sie wollte genauer verstehen, welche sexuellen Probleme ihre Patienten plagten. Sie hatte darüber hinaus begonnen, ältere Menschen zu beraten, die mit Altersproblemen, vor allem mit altersbedingten sexuellen Schwierigkeiten, zu ihr kamen. Der von den Medien verbreitete Eindruck, dass alte Menschen den Sex »hinter sich hätten«, bestätigte sich nicht. Männer haben im Alter noch immer ihre Bedürfnisse, und Frauen auch. Nur anders als früher. Das größte Problem besteht darin, dass sie nicht darüber reden können.

Im Moment sind es noch überwiegend Freundinnen und Bekannte, die sich von Ingrid Weichelt zu diesem besonderen Thema beraten lassen. Sie hat das Therapieangebot noch nicht öffentlich gemacht, sie steht – wieder einmal – ganz am Anfang. Doch sie weiß, dass es Zuspruch finden wird, denn die Erwartungen der Menschen ändern sich, sie wollen bis ins Alter hinein sexuell aktiv bleiben.

Eine weitere Gruppe, für die sich Ingrid interessiert, sind ältere Menschen, die im Internet nach Partnerschaft oder Freundschaft suchen. Sie sieht das sehr positiv. Ältere Menschen, die sonst vielleicht einsam und isoliert sind, können sich über Dinge austauschen, die sie Freunden oder Bekannten, vielleicht nicht anvertrauen würden. Doch sie warnt auch vor den Gefahren: »Die Leute sind unglaublich naiv«, erklärt sie, »sie verraten ihre Adressen und Telefonnummern und merken nicht, dass sie auf einmal erpressbar geworden sind. Sie verstehen nicht, dass ein Mann, der sich mit einer Frau verabredet, gefährlich sein kann.«

Seit sieben Jahren hat Ingrid Weichelt ihre Praxis. Sie läuft prächtig. Doch das wahre Glück stellte sich erst 2007 ein, als die Kinder aus dem Haus waren und sie die Scheidung einreichte. Sie zeigt mir stolz ihr kleines, gepflegtes Haus, wo sie jetzt wohnt, ihr eigenes »Reich«, wie sie sagt. Sie kümmert sich um ihren kleinen, hübschen Garten, geht jeden Morgen ins Schwimmbad und schwimmt ihre tausend Meter. Sie hat einen Freund, doch sie hat sich auch geschworen, nie wieder zu heiraten. »Mir sagt keiner mehr, was ich tun soll.«

»Es hat lange gedauert«, sagt sie und fragt sich wohl, ob sie ihre Freiheit umso mehr zu würdigen weiß, weil der Weg dahin so weit war. Man spürt eine gewisse Ergriffenheit, wenn sie über die »Freiheit der späten Jahre« spricht. »Endlich kann ich machen, was ich will. Wie gut es mir geht!«

Ingrid Weichelt hat ihre Emanzipation langsam und methodisch eingefädelt. Jutta Ratschinske dagegen überraschte jeden, vor allem aber sich selbst, mit der Entscheidung, in Afrika ein neues Leben zu beginnen. Sie war fünfzig, eine verwitwete Grundschullehrerin. Gerade hatte sie ein Sabbatjahr in Mali verbracht, jetzt plante sie, ihr Leben mit Menschen zu verbringen, die zu den ärmsten der Welt gehören und dabei doch eine geradezu überwältigende Fröhlichkeit an den Tag legen. Und genau das tat sie.

Anfangs war ihr Interesse an dem fremden Sahelstaat ein vorwiegend touristisches. Ihr Vater, der mit fünfundsechzig begonnen hatte, die Welt zu bereisen, zeigte ihr Fotos aus Mali, Porträts von Menschen und Bilder von faszinierenden Städten und Landschaften. Sie plante eine Reise mit ihrem Mann, der ebenfalls als Lehrer arbeitete. Doch bevor sie aufbrechen konnten, wurde ein unheilbarer Krebs bei ihm entdeckt. Sie sagten die Reise ab.

Sieben Jahre später, ihr Mann war längst gestorben, machte sie sich allein auf den Weg. Zwei Wochen lang reiste sie mit öffentlichen Verkehrsmitteln durch das Land, obwohl sie sich durchaus einen Mietwagen hätte leisten können. »Man verliert viel Zeit mit Warten. Das war zwar interessant, weil ich mit den Leuten Kontakt hatte, aber ich habe nur einen sehr, sehr kleinen Teil gesehen von dem, was ich eigentlich sehen wollte.« Doch es war der Anfang einer Faszination, die sie bis heute nicht losgelassen hat. »Ich habe also beschlossen, wieder hinzufahren – und diesmal für längere Zeit, ein ganzes Jahr.«

Bereits einen Tag nach ihrer Rückkehr nach Deutschland erkundigte sie sich in ihrer Schule in Waibstadt, ob es möglich sei, eine Auszeit zu nehmen. Und schon einen Tag später reichte sie ihren Antrag auf ein Sabbatjahr ein. Nach nur wenigen Monaten landete sie erneut in Mali und begann, ein buntes, unberechenbares, manchmal chaotisches Leben aufzubauen, das sie trotz der erheblichen Schwierigkeiten jeden Tag aufs Neue mit Humor und Geduld auf sich nahm.

»Ich habe mich sofort zu Hause gefühlt«, sagt sie. Sie liebte die Menschen, ihre spontane, unkomplizierte Art. Die Fähigkeiten, die sie aus ihrem Beruf als Grundschullehrerin mitbrachte, erwiesen sich im Umgang mit den Maliern als überaus hilfreich. »Das sind Menschen, die trotz ihrer Armut überwiegend fröhlich sind und aus nichts doch etwas machen.«

Sie erfuhr, dass der junge Mann, der sie bei der ersten, kurzen Reise als Führer begleitet hatte, wegen einer Auseinandersetzung mit einem Touristen und einem Hotelmanager im Gefängnis gelandet war. Sie nahm sich vor, ihn herauszuholen. Da er trotz einer turbulenten Kindheit »eine gewisse Intelligenz besaß, ein toller Organisator war, alle Welt kannte«, beschloss sie, Arbeit für ihn zu finden und ihn dabei zu unterstützen, ein neues Leben aufzubauen. Etwa zur selben Zeit kamen einige junge Malier zu ihr und klagten, dass sie »keine Möglichkeiten hätten, sich zu vergnügen, ob ich nicht etwas machen könnte. Und ich habe gesagt, schlagen wir zwei Fliegen mit einer Klappe. Er wird Discjockey, und wir machen eine kleine Disco. So habe ich das spätere Restaurant konzipiert«.

Jutta kaufte ein Grundstück an der Hauptstraße, baute eine Disco, dazu eine kleine Küche, und schon hatte sie ihr eigenes Unternehmen.

Ein finanzieller Erfolg war das Projekt zunächst nicht, obwohl an den Wochenenden sehr viele Gäste kamen. »Es wurde viel kaputt gemacht. Es kam kaum etwas in die Kasse, kaum jemand hatte das Geld, um ein bisschen Eintritt zu bezahlen. Pärchen haben sich den ganzen Abend an einer Flasche Cola festgehalten, und die Touristen kamen nicht zum Essen, weil es wirklich zu laut war.« Zudem dachten die Einheimischen, dass

Jutta und der junge Mann ein Paar seien. Sie bedrängten ihn so lange, ihnen Geld zu geben, bis Jutta den Verdacht hatte, dass er sie bestahl. Sie konnte nichts dagegen tun, denn all die Leute, die sie beschäftigte, waren auf seiner Seite. »Als es zu bunt herging, musste ich mich zurückziehen.« Inwiefern zu bunt?

»Na ja, Mädchen, Drogen, es wurde immer schlimmer … Ich konnte die Verantwortung nicht mehr übernehmen.«

Das Unternehmen gehörte ihnen gemeinsam, sie hatte ihn als Miteigentümer eintragen lassen, obwohl sie alles bezahlt hatte. Natürlich fehlte ihm das Geld, sie auszuzahlen. »Also habe ich ihm das Ganze geschenkt, um nicht mehr verantwortlich zu sein.«

»Sie haben also viel Geld dabei verloren …«, bemerkte ich.

»Ich bin nicht die Einzige und werde auch nicht die Einzige bleiben«, antwortete sie trocken. »Diesen Fehler machen viele in Afrika.«

Doch es wurde noch schlimmer. Der junge Mann, der sich in der Rolle als Chef des Unternehmens durchaus gefiel, entwickelte eine Art Größenwahn und unglaubliche Allüren. Er meinte, den starken Mann markieren zu müssen, war aber auf der anderen Seite unfähig, die Disco erfolgreich zu führen. Schließlich gab er auf und sagte zu ihr: »So, jetzt kannst du es haben.« Woraufhin sie zugab, dass sie es von ihm zurückgekauft hatte. Stolz ist sie nicht auf diese Transaktion, das spürt man noch heute.

Jutta hatte inzwischen ein Haus in der Nähe gemietet und angefangen, ein winziges Hotel aufzubauen. Ein Jahr später konnte sie auch noch das Nachbarhaus anmieten, sie hatte nun sechs Zimmer. Gleichzeitig gestaltete sie die Disco zu einem richtig guten Restaurant um. Es sei nicht einfach gewesen, erzählt sie, die Einheimischen von dem neuen Image zu überzeugen. Doch inzwischen ist es eines der bekanntesten Restaurants in Mali außerhalb der Hauptstadt Bamako. Sowohl das Restaurant als auch das Hotel firmieren unter dem Namen MANKAN TE, was so viel bedeutet wie: Kein Lärm, keine Probleme. Es ist der Spitzname, den ihr die Einheimischen gegeben haben, wegen ihrer Fähigkeit, zu schlichten und bei Auseinandersetzungen zu vermitteln.

Die Stadt, in der sie sich niedergelassen hat, heißt Sévaré und liegt im Zentrum von Mali, etwa 650 Kilometer von der Hauptstadt entfernt. Sévaré ist Ortsteil des Touristenorts Mopti. Von hier führen die Straßen ins Dogonland, nach Timbuktu und Gao, sowie nach Djenné mit seiner berühmten Moschee. Neben einigen Einheimischen kamen vor allem Touristen ins MANKAN TE sowie Mitglieder internationaler Organisationen, die in Mali zu tun hatten.

Nach dem sechsten Sabbatjahr musste sie sich entscheiden, ob sie wieder nach Deutschland zurückgehen wollte. Die deutschen Behörden klopften an ihre Tür.

»Die Entscheidung, für immer in Mali zu bleiben, hatte ich schon im ersten Jahr getroffen, aber ich musste mir das Hintertürchen offen halten. Ich wusste nicht, wie sich das Ganze politisch entwickelt. Das kann in afrikanischen Ländern sehr schnell umschlagen.« Sie sorgte dafür, dass sie im Notfall weich landen und ihre Witwenpension beziehen würde. Das war sehr weitsichtig. Mali war damals noch eine relativ stabile Demokratie. Doch seit 2010 lief das Geschäft nicht mehr so gut. Die Wirtschaftskrise war auch in Mali angekommen, nach Geiselnahmen im Norden und Unruhen in den Nachbarländern blieben die Touristen aus. Und bald sollte alles noch viel schlimmer werden.

Inzwischem war sie sechsundsechzig geworden und hatte einen weiteren Neustart gewagt, einen neuen Lebensabschnitt begonnen. Das Restaurant hatte sie ihrem sehr kompetenten Geschäftsführer übergeben, der ihr unter anderem vertraglich zugesichert hat, dass sie bis an ihr Lebensende einmal am Tag dort essen darf, ohne dafür zu bezahlen. Jutta hatte sich nun vorgenommen, die alten Schätze Malis – Schmuck, Steinwerkzeuge, Schnitzereien, Textilien – so weit wie möglich vor dem Verkauf ins Ausland zu retten und in einem kleinen Museum auszustellen. Ihr eigenes Geld aus ihrer bescheidenen Rente, mit dem man in Mali selbstverständlich viel weiter kommt als in Deutschland, floss in diese Bemühungen.

Die meisten Malier haben keine Ahnung, wie wertvoll ihr kulturelles Erbe ist, und verscherbeln es mit einem Lächeln an Touristen, vor allem an Amerikaner. »Darunter sind viele Sachen, die es kaum noch gibt«, sagt Jutta traurig. Sie hat Schätze gesehen, die eigentlich in das Nationalmuseum in Bamako gehörten, doch die Leute sagten ihr dazu nur: »Du weißt doch, Jutta, wie arm wir sind. Wenn wir es nach Bamako bringen, nehmen sie es uns weg. Sie bedanken sich nicht und bezahlen uns nicht einmal die Heimreise.« Man munkelt, dass selbst das Nationalmuseum, das mit dem Schutz der Altertümer betraut ist, Stücke aus der Sammlung verkauft.

Jutta, die keinerlei Fachwissen mitgebracht hatte, aber schnell lernte, kaufte viele, teilweise sehr alte Objekte, Erbstücke, die von den Dorfbewohnern aus Geldmangel auf den Touristenmarkt von Mopti gebracht wurden. Sogar steinzeitliches Werkzeug wird dort verkauft. Einen kleinen Teil ihrer Sammlung konnte man nun in ihrem dritten Haus besichtigen. Außer den Schnitzereien und neolithischen Objekten wurden auch Dinge des Alltags ausgestellt, so zum Beispiel riesige Schalen aus Holz. Heute werden sie ersetzt durch Plastik oder Metall, weil große Bäume rar geworden sind. Jutta hatte so wenig Platz, dass sie zeitweise aufhören musste, Objekte zu kaufen – sie wusste einfach nicht mehr, wohin damit. Eigentlich bräuchte sie einen eigenen Museumsbau. Sie hoffte, dass sich eines Tages eine Organisation ihrer Sammlung annehmen und eine Heimat für sie finden würde.

Offenbar hatte sich Jutta Ratschinske in den fast

neunzehn Jahren, die sie bereits in Mali gelebt hat, großen Respekt erworben. Die lokalen Behörden wendeten sich schon in Fragen des Tourismus an sie. In Mali zeigen sich Frauen, besonders ältere Frauen, nur selten außerhalb der eigenen vier Wände, doch niemand kommt auf die Idee, dass sich auch Jutta den traditionellen Vorstellungen unterzuordnen hat. Auch ihr Alter mindert in keiner Weise den Respekt, den man ihr entgegenbringt, ganz im Gegenteil.

Einmal im Jahr, während der Regenzeit, wenn in Mali nicht viel zu tun war, kam Jutta nach Deutschland. Sie wohnte dann einige Wochen in ihrem Haus in Waibstadt, das sie mit einem ihrer Söhne und dessen Familie teilt. Doch trotz der Gefahren und Unwägbarkeiten war sie immer fest entschlossen gewesen, den Rest ihres Lebens in Mali zu verbringen. Sie ist bereits an Malaria erkrankt – fünf Tage lag sie im Koma – und an Typhus. Doch dafür war sie kein einziges Mal erkältet. Das heiße, trockene Klima tut ihr gut, sie hat Arthrose. Ich habe sie gefragt, ob sie keine Angst vor den tropischen Krankheiten hat, mit denen in Afrika zu rechnen ist. Ob sie sich keine Sorgen wegen der medizinischen Versorgung macht.

»Wenn ich wirklich einmal krank werde, und wenn man das mit sehr hoher Wahrscheinlichkeit schnell, oder relativ schnell, in Deutschland behandeln kann, dann komme ich hierher. Aber wenn es unheilbar oder sehr langwierig sein sollte, dann ziehe ich es vor, schnell in Mali zu sterben. Es ist angenehmer. Schon die Vorstellung, dass ich zwischen Krankenhaus und Altersheim hin- und hergeschoben werde oder in einem Krankenhaus in der persönlichen Kälte, die man den Menschen dort entgegenbringt, leben muss, dann ziehe ich es vor, in meiner gewohnten Umgebung zu sein, mit den Maliern. Deswegen habe ich gesagt, wenn es so weit ist, möchte ich hier in Sévaré auf dem Friedhof begraben werden.« David, der das Restaurant leitet, hat Anweisungen für das Begräbnis, er wird sich um alles kümmern.

So endete mein Gespräch mit Jutta. Doch kurz vor der Veröffentlichung dieses Buches nahm ihr Leben eine dramatische Wendung. Eine Rebellion der Separatisten im Norden von Mali, ein Staatsstreich in der Hauptstadt Bamako, ein wirtschaftliches Embargo, parteiinterne Kämpfe zwischen den Rebellen und eine ernstzunehmende Nahrungskrise haben das von ihr so sehr geliebte Land erschüttert. Leute aus dem Westen wurden entführt und enorme Lösegeldzahlungen für sie verlangt. Jutta reiste erst nach Bamako, dann nach Deutschland, dann wieder zurück nach Bamako, um abzuwarten, wie sich die Situation weiter entwickeln würde. Das Hotel blieb geöffnet, auch wenn sie in dieser Zeit nur wenige Gäste hatte. »Ich habe eine Supermannschaft dort. Ich will die Jungs nicht auf die Straße setzen« schrieb sie mir im Mai 2012. Sie brachte ihre Antiquitätensammlung nach Bamako. Doch die Nachrichten wurden immer alarmierender. »Viele der Menschen, mit denen ich bisher zusammengearbeitet habe, sind durch die politischen Ereignisse und den Einbruch im Tourismus aufgrund des Terrorismus in große wirtschaftliche Not geraten«, schrieb sie mir in einer E-Mail aus Bamako im darauffolgenden August. »Trotz ihres geringen Einkommens haben viele Familien Flüchtlinge aus dem Norden aufgenommen. Außer den Schwierigkeiten bei der Nahrungsbeschaffung ist in einigen Fällen auch medizinische Behandlung notwendig. Früher habe ich mich meistens darum gekümmert, aber jetzt und in dieser Menge übersteigt es meine finanziellen Möglichkeiten. In anderen Fällen ist dem Ernährer einer ganzen Familie die Arbeitsgrundlage entzogen worden … Mittlerweile gibt es praktisch keinen Tourismus mehr – Arbeitslosigkeit mit allen Folgen für die betroffenen Familien ist nun die traurige Wahrheit.« Sie entschied sich, eine humanitäre Hilfsaktion zu starten, und bat Bekannte, Verwandte und Freunde ihr Spendengelder zu schicken, die sie auf einen Bereich, den sie selbst überblicken und kontrollieren kann, verteilt.

Sissi hatte begonnen, ihr Versprechen einzulösen und ihr eigenes Leben unter die Lupe zu nehmen. Schnell wurde ihr klar: Ihre Ehe hatte den ersten Reiz längst verloren. Vor allem aber bei der Arbeit gab es Schwierigkeiten. Vor nunmehr zwanzig Jahren hatte sie eher zufällig im Hotel angefangen, als der Besitzer, ein Cousin ihrer Mutter, sie bat, für eine plötzlich erkrankte Empfangsdame einzuspringen. Eigentlich war sie ausgebildete Buchhalterin. Sie wollte nach Hamburg ziehen und sich dort eine Stelle suchen. Doch dann lernte sie Dirk kennen und beschloss, noch eine Weile in Berlin zu bleiben. Die kranke Empfangsdame kehrte nicht mehr zurück, und Sissi hatte Spaß an dem Job, weil sie, anders als bei der Buchhaltung, mit vielen Menschen zu tun hatte. Da Sissi eine sehr offene Art hat, attraktiv ist und gut mit Menschen umgehen kann, fühlte sich jeder Gast, der in die Lobby trat, direkt willkommen. Der Hotelbesitzer wusste, was er an Sissi hatte, und flehte sie an zu bleiben. Da die Sache mit Dirk ernster wurde, sagte sie zu. Jahr für Jahr übernahm sie mehr Verantwortung, und bald war sie unersetzlich. Doch als vor ein paar Jahren der Eigentümer des Hotels starb, wurde es an eine Hotelkette verkauft und ein junger Geschäftsführer eingesetzt.

Er war äußerst ehrgeizig und voller Tatendrang. Er hatte, im Gegensatz zu Sissi, die Hotelfachschule absolviert, und wollte alles anders machen. Sissi wusste selbst, dass das Hotel nicht mehr auf dem neuesten Stand war. Die Ausstattung, das ganze Angebot musste aufgefrischt werden. Sie ließ sich also auf die Vorschläge des Geschäftsführers ein. Der aber wollte mit den Neuerungen auch seine Macht ausbauen. Offenbar passte es ihm nicht, dass Sissi bei der Belegschaft und bei den vielen Stammgästen eine gewisse Autorität genoss. Es ging so weit, dass sie fürchten musste, gefeuert zu werden. Er hätte sie sicher liebend gern durch ein junges, frisches Ding von der Hotelfachschule ersetzt. Doch er zögerte, denn er war nicht dumm. Er wusste, wie teuer es werden könnte, wenn sie die Betreiber verklagen würde (»Natürlich würde ich das tun!«, hatte Sissi mir im Stillen versichert), und ihm entging nicht, wie sehr die Gäste sie schätzten. Also riss er alles an sich, reduzierte Schritt für Schritt ihren Wirkungsbereich und untergrub ihre Autorität, wo immer er konnte. »Inzwischen«, klagte sie, »stehe ich einfach nur noch hinter dem Schalter, ich werde herumkommandiert und bin ersetzbar geworden. Muss ich mich damit abfinden? Muss ich das noch siebzehn Jahre hinnehmen, bis ich endlich in Rente gehen kann? Ich hatte so viel Spaß bei der Arbeit. Doch wenn ich jetzt hingehe, ist mir immer schon ganz mulmig. Ich kann es nicht ertragen, diesen Typen zu sehen. Es macht mich richtig krank, es verdirbt mir das ganze Leben. Er will mich bestimmt hinausekeln.«

»Kannst du nicht in einem anderen Hotel anfangen?«, fragte ich. »Du hast doch inzwischen eine Menge Erfahrung in diesem Bereich.«

»Klar, aber ich bin fünfzig. Wer nimmt mich jetzt? Ich bin zu alt und zu teuer. Sie können für viel weniger Geld ein junges Ding anstellen, das frisch aus der Hotelfachschule kommt… Wenn ich ehrlich bin, träume ich davon, mich selbstständig zu machen. Nicht mit einem Hotel. Das Geld bekäme ich wohl nicht zusammen.«

»Und ein Restaurant?«, hakte ich nach.

»Sehr kompliziert, sehr riskant. Aber ein Café, vielleicht eine Weinbar, das wär etwas. Ich mag die Menschen, und die Menschen mögen mich, das ist doch eine gute Ausgangslage.«

»Fantastisch!«, rief ich. »Was für eine tolle Idee, Sissi! Das musst du unbedingt machen. Wir brauchen wirklich ein hübsches Café in dieser Gegend, wo man in Ruhe sitzen und sich unterhalten kann, ohne von irgendeiner Teenager-Musik vollgedröhnt zu werden. Und ich habe in meinem Leben genug schlechten Kaffee unter verstaubten Zimmerpalmen getrunken.«

»Warte mal«, sagte Sissi. »Ich habe gesagt, dass es ein Traum ist. Ich bin jetzt fünfzig. Es wäre verrückt, eine gut bezahlte Stelle aufzugeben und diese Art von Risiko einzugehen. Was wird aus meiner Rente? Was ist, wenn es böse endet? Als Traum, als Fantasie ist es wirklich schön, aber allein der Gedanke, so ins Unbekannte zu stürzen, bereitet mir Albträume. Ich war immer irgendwie abgesichert, das bin ich gewöhnt.«

»Wenn es nicht klappt, hast du immer noch Dirk«, sagte ich.

»Da bin ich mir nicht so sicher«, antwortete sie nachdenklich. »Gar nicht sicher. Ich will das jetzt nicht vertiefen, aber es läuft nicht gut.«

Ich hätte gern nachgehakt, doch ich ließ es bleiben.

»Also gut«, sagte ich nach einer Weile, »wenn ich es recht überblicke, hast du zwei Möglichkeiten. Du kannst weiter im Hotel arbeiten und dir von diesem fiesen Typen das Leben schwer machen lassen, bis er dich irgendwann so weit hat, dass du gehst. Oder du wagst den Schritt und machst etwas Neues, etwas, das zu dir und deinen Fähigkeiten passt, das dich befriedigt und herausfordert. Du hast eine Menge Erfahrung. Und du bist noch jung und steckst voller Energie. Du hast genug Zeit, etwas Neues aufzubauen. Ein Risiko steckt immer darin, das ist klar, aber so ist das nun mal im Leben. Natürlich musst du es dir gut überlegen, aber du bist ja ohnehin ein vernunftgesteuerter Mensch.«

»Also, wenn du es so darstellst, habe ich eigentlich überhaupt keine andere Wahl«, sagte Sissi und lachte. »Trotzdem, so ein Sprung ins Ungewisse, diese Vorstellung macht mir ganz schön Angst.«

4 »WER IST FÜR MICH, WENN ICH NICHT FÜR MICH BIN?«*

Gerade für Frauen mag es sehr verlockend klingen, ein neues Leben in einem fremden Land zu beginnen. Für Jutta Ratschinske hat es funktioniert, für mich auch. Allerdings bekomme ich noch heute weiche Knie, wenn ich daran denke, worauf ich mich eingelassen hatte, welche Risiken ich eingegangen bin. Dabei bin ich nur nach Italien gezogen.

Als meine journalistische Laufbahn ungewollt und sehr überraschend endete, konnte ich frei entscheiden, wo ich leben wollte. Mein Partner und ich waren längst getrennte Wege gegangen, und ich besaß eine Fähigkeit – das Schreiben –, die mich nicht an einen Ort band. Außerdem war ich frei von familiären Verpflichtungen, auch wenn ich mir wünschte, im selben Land, zumindest aber auf dem selben Kontinent zu leben wie meine Tochter. Warum also sollte ich mir nicht den Traum erfüllen, mich irgendwo im Mittel-

* Das vollständige Zitat des jüdischen Weisen Rabbi Hillel (30 v. Chr. bis 9 n. Chr.) lautet: »Wer ist für mich, wenn ich nicht für mich bin? Und was bin ich, wenn ich nur für mich selbst bin? Und wann eigentlich, wenn nicht jetzt?«

meerraum niederzulassen, in einem alten Steinhaus, wo ich bei Wein und Oliven zusehen konnte, wie die Sonne hinter Weinbergen und Orangenhainen verschwand?

Ich lebte damals in Rom und daher schien mir der mittlere Teil von Italien ein geeigneter Ort für eine erste Suche zu sein. Da mir Rom zu laut und zu chaotisch war, machte ich mich, wie viele andere vor und nach mir, auf den Weg in die Toskana, um ein Haus zu finden. Doch bald schon trat ich den Rückzug an. Die Toskana ist möglicherweise die schönste und kulturell faszinierendste Gegend der Welt, doch die Preise waren derart astronomisch, dass ich mir kaum einen Kuhstall leisten konnte, geschweige denn mein Traumhaus. Wäre ich nur zwei Jahrzehnte früher gekommen, als meine Freunde und Kollegen dort zu Spottpreisen die schönsten alten Häuser kauften! Doch so schwer fiel es mir gar nicht, die Toskana von meiner Liste zu streichen. Es ist längst zu schick geworden, finde ich, die Ausländer, die dort wohnen, haben alle ein bisschen zu viel Geld, und die Städtchen sind alle ein wenig zu hübsch geworden. Die Restaurants sind teuer, und die Läden haben sich ganz auf die wohlhabende Kundschaft eingestellt. Trotzdem gestehe ich: Hätte ich damals ein paar Millionen übrig gehabt, dann hätte ich mich gleich dort festgesetzt und mir den Rest überhaupt nicht mehr angesehen.

Wohin also dann? Ich fuhr nach Frankreich und

schaute mich in der Provence um. Wunderschön, aber die Schilder der Immobilienmakler, die reihenweise an den Einfahrten der hübschesten Orte aufgestellt waren, machten mich skeptisch. Auch die Vielsprachigkeit der Restaurants. Die Gegend ist also längst von der Internationalisierung befallen, stellte ich fest. Das war bestimmt nicht das, was ich suchte. Außerdem spürte ich, dass mir zu Frankreich jede persönliche Bindung fehlte. Italien dagegen war ja irgendwie schon ein Zuhause für mich, ich hatte einige Jahre dort verbracht, war sogar eine Zeitlang mit einem Italiener verheiratet. Ich hatte noch eine Menge Freunde dort. Also stieg ich wieder ins Auto und fuhr in die Langhe, eine herrliche Landschaft voller Burgen und Weinberge nördlich der italienischen Riviera. Weiter ging es in die Marche an der Adria, wo die Preise moderater schienen. Doch so recht konnte ich mich für keine dieser Regionen erwärmen.

Also Umbrien. Ein Gebiet, das ich anfangs völlig ignoriert hatte. Ich hielt die Menschen dort für rückständig und engstirnig. Umbrien hatte jahrhundertelang unter der Knute der Päpste vor sich hin gedämmert, während die Toskana, ein freies Großherzogtum, der Renaissance, ihrer Pracht und ihrem Fortschritt, eine Heimat gegeben hatte. Trotzdem machte ich mich mit einer Freundin auf den Weg. Wir hatten von einem Schloss aus dem 17. Jahrhundert gehört, das vom Eigentümer in mehrere, für ausländische Kunden gedachte Wohnungen unterteilt worden war. Der Mann war zwar sehr nett und meinte es durchaus gut, doch er hatte, wie viele seiner Landsleute, keine Ahnung von den Vorstellungen ausländischer Käufer. Ich winkte ab. Da verstand der Mann, dass ich eigentlich etwas suchte, was ich nach eigenen Vorstellungen restaurieren könnte, und er zeigte mir ein anderes, viel älteres Gebäude in einem Ort, der – typisch für die Region – auf einem kleinen Berg lag. Auch dieses Gebäude, die ehemalige Dependance eines aristokratischen Palazzos, hatte er bereits unterteilen lassen. Der einzige noch unrestaurierte Teil stand zum Verkauf. Die Substanz war uralt. Ich entdeckte Tonnengewölbe, Fresken, einen wunderschönen, überwucherten Garten. Dass hier eine Menge Arbeit auf mich warten würde, war von vornherein klar.

Doch die Versuchung war riesig, der Ort hatte etwas ganz Besonderes. Ich überlegte, und während ich überlegte, wurde das Angebot immer unattraktiver. Zufällig erfuhr ich, dass meine potentiellen Nachbarn, ein älteres und, so hieß es, ruhiges Ehepaar sich mit jedem anlegte, mit dem sie zu tun hatten, dass sie auch den Gang zum Gericht nicht scheuten. Auch den Eigentümer, mit dem ich verhandelte, hatten sie vor Kurzem noch wegen einer Lappalie verklagt. Da nun die beiden Gebäudeteile miteinander verzahnt waren wie ein großes Puzzle und ihre Fenster zudem noch auf meinen Garten hinausgingen, gab es eine Menge Anlass zu Streitereien. Und so sagte ich zu dem Eigentümer: Nein danke.

Ich rief den Architekten an, den mir der Mann bei meinen Besichtigungen vorgestellt hatte, und erklärte ihm die Situation. Ich bat ihn, mich zu informieren, falls in der Nähe etwas angeboten würde, denn der Ort gefiel mir außerordentlich gut. Er versprach es. Und meine Überraschung war groß, als er bereits am nächsten Tag anrief und aufgeregt fragte, wann ich kommen könne! »Ein interessantes Angebot«, meinte er, »das sollten Sie sich unbedingt anschauen.« Ich hatte noch nicht aufgelegt, da suchte ich schon nach dem Autoschlüssel.

Er zeigte mir ein langgestrecktes, ländlich wirkendes Gebäude am Rand der Altstadt, eine ehemalige Ölmühle. Sie gehörte einem italienisch-australischen Ehepaar, das eine Weile in verschiedenen Ländern gewohnt und nun beschlossen hatte, dass ihre Kinder im »echten« Italien aufwachsen und normale italienische Schulen besuchen sollten. Sie hatten die Ölmühle renoviert, doch bald schon erkannt, dass sie die beinahe neunhundert Quadratmeter selbst mit ihrer vierköpfigen Familie kaum mit Leben füllen konnten. Also beschlossen sie, eine Hälfte davon zu verkaufen. Die Australierin wurde mir vorgestellt, sie war mir gleich sympathisch. Ich verliebte mich in das Haus, und es dauerte kaum eine Stunde, bis ich mich entschieden hatte. Das sollte es werden.

Um die Haushälfte in ein eigenständiges Heim zu verwandeln, gab es noch einiges zu tun. Doch nach ein paar Monaten konnte ich endlich einziehen. Erst später verstand ich, wie viel Glück ich gehabt hatte. Ich hätte ein Haus mit Grundbuchproblemen erwischen können, oder eine Wohnung im Ortskern, wo man im Sommer nicht einschlafen kann, weil hinter den weit geöffneten Fenstern die Fernseher plärren. Ich kannte niemanden in der Gegend, wie leicht hätte ich mich isolieren können! Doch meine australische Nachbarin ließ es sich nicht nehmen, mich gleich all ihren Freunden vorzustellen, den italienischen und den anderen, und es dauerte nicht lange, bis ich mir einen Kreis italienischer und ausländischer Bekannter in der Umgebung aufgebaut hatte.

Umbrien ist sehr, sehr schön. Anders schön als die Toskana. Und, was mir am wichtigsten ist: In Umbrien ist die italienische Gesellschaft noch weitgehend intakt. Die Menschen sind freundlich, hilfsbereit und direkt. Von der päpstliche Knute ist nicht mehr übrig geblieben als eine robuste Abneigung gegen klerikale Strukturen und kirchliche Autorität. Sie waren verwundert, dass jemand wie ich von weither kam, um in ihrem, aus ihrer Sicht unbemerkenswerten Ort zu leben. Bald stellte ich fest, dass eine ganze Reihe von Ausländern hier lebte, doch anders als in der Toskana oder der Provence fallen sie kaum auf. Sie passen sich an, weitgehend ohne die Gesellschaft zu verändern. Nur die Immobilienpreise steigen allmählich, und die alten, gemauerten Bauernhäuser sind schon fast vom Markt verschwunden. Es fällt auf, dass weder die Zugezogenen noch die Einheimischen besonderes Interesse am Vorleben der Neubewohner zeigen. Sie mögen dich – oder sie mögen dich nicht – so wie sie dich kennenlernen. Es ist eine erfrischende Einstellung. Einige amerikanische Schauspieler, die in ihrer Heimat allzu leicht erkannt werden, wissen dies besonders zu schätzen. Hier bleiben sie weitgehend anonym.

Ich hatte also ein Dach über dem Kopf, ein uraltes Ziegeldach. Doch damit hatte ich erst einen einzigen Schritt getan. Was noch vor mir lag, war, da ich mich um niemanden zu kümmern hatte als um mich selbst, eine sinnvolle Beschäftigung zu finden. Es genügt nicht, stellte ich fest, jeden Morgen aufzustehen und die grandiose Landschaft zu betrachten, es genügt nicht, im Sommer im Garten zu faulenzen und im Winter am offenen Kamin. Dies wurde mir besonders bewusst, als eines Tages eine amerikanische Bekannte auftauchte, die ein Haus suchte. Sie war alleinstehend und hatte gerade ihre Karriere in der Verwaltung der UNO beendet. Da sie kaum Italienisch sprach, waren ihre beruflichen Fähigkeiten hier kaum gefragt. Meine Freunde und ich rieten ihr also davon ab hierherzuziehen. »Wenn du dich einmal an alles gewöhnt hast, kommst du hier um vor Langeweile.«

Fast alle Nicht-Italiener, die ich hier kenne, arbeiten. Es sind Künstler der unterschiedlichsten Gebiete, Architekten, Filmleute, Englischlehrer und Schriftsteller. Andere vermieten Ferienwohnungen, betreiben Maklerbüros und kleine Hotels. Das Internet hat einigen Menschen, die sonst an ihre Büros gebunden wären, große Freiheiten geschenkt. Natürlich schadet es nicht, wenn man ein wenig Italienisch kann, aber selbst diejenigen, denen das Italienische gar nicht über die Zunge geht, kommen ausgesprochen gut zurecht.

Bereits vor meinem Umzug hatte ich einen beruflichen Neustart gewagt. Ich hatte mit einer Literaturagentin in einem Berliner Café gesessen und laut darüber nachgedacht, ob ich nicht ein Buch schreiben könnte, für das sich deutsche Leser interessieren würden. (Ich hatte einige Jahre als Auslandskorrespondentin in Deutschland gearbeitet.) Die ersten Vorschläge, die ich ihr unterbreitete, überzeugten sie nicht. Doch dann fiel mir ein, dass ich einer englischen Agentur einst vorgeschlagen hatte, eine Biografie über den Kanzler Helmut Kohl zu schreiben, was mir höflich ausgeredet worden war. In England interessiert sich niemand für Helmut Kohl, teilte man mir mit. Die Agentin aber war begeistert. »Dafür kann ich dir sofort einen Vertrag besorgen«, rief sie. »Aber es gibt doch bestimmt schon einige Biografien auf Deutsch«, sagte ich zweifelnd. »Ja, schon«, antwortete sie, »aber aus deiner Auslandsperspektive noch nicht.« Ich erfuhr – und es erfüllte mich mit Dankbarkeit –, dass die Deutschen unseren fremden Ansichten durchaus etwas abgewinnen können. Tatsächlich ging dann alles sehr schnell. Ein Vertrag flatterte ins Haus, ich begann mit der Arbeit, pendelte zwischen Rom, wo ich damals noch wohnte, und Deutschland, wo ich recherchierte. Das Buch kam pünktlich zum Wahlkampf des

Jahres 1998 heraus, der – ich weise jede Verantwortung von mir! – Kohls letzter sein sollte.

Ich schlug die Augen auf und fand mich in einer Art Wunderland – in der schönen Welt des deutschen Literaturbetriebs – wieder, wo, so stellte ich vergnügt und glücklich fest, der Autor geschätzt und über lange Zeiträume gefördert wird! Wie anders war das harte Geschäft des Journalismus gewesen, das ich aus Großbritannien kannte! Das Kohl-Buch war gerade erst erschienen, als mich meine damalige Lektorin fragte, ob ich nicht Lust hätte, ein Buch über die englische Kochkunst zu schreiben. Es wäre konkurrenzlos, erklärte sie. Meine erste Reaktion war – Panik. Es gab gute Gründe, warum noch niemand gewagt hatte, ein solches Buch zu schreiben. Außerdem passte die Rolle der schreibenden Kulinarikerin nicht so recht in mein Selbstbild. Doch meine Agentin sprach mir Mut zu, und schließlich sagte ich zu. Mir gefiel die Vorstellung, das Buch zu schreiben, während ich den Umzug von Rom nach Umbrien organisierte. Was ich nicht wusste: Kein Buchprojekt kann so überschaubar sein, dass es im Chaos eines Umzugs fertiggestellt werden könnte. Doch letzlich wurde es trotzdem fertig. Die englische Kochkunst ist, wie ich feststellte, viel besser als ihr Ruf. Und seit ich das Buch geschrieben habe, hat sie sich weiter verbessert, sodass einige Gastrokritiker bereits die Behauptung wagen, sie gehöre zu den besten der Welt. Ich weiß nicht, ob das stimmt. Aber das kleine Büchlein hat sich unter all meinen Büchern am besten gehalten. Und heute, dreizehn Jahre später, wird sogar eine Neuausgabe vorbereitet.

Ich wandte mich gleich einem neuen Buchprojekt zu, das ich schon eine ganze Weile mit mir herumtrug und das mir bis heute das liebste ist: Es ging um die Flucht der Trakehnerpferde aus Ostpreußen, am Ende des Zweiten Weltkriegs. Mein neuer Berufsstart als Schriftstellerin war also bestens geglückt.

»Du kannst dich wirklich glücklich schätzen«, sagte Sissi, »wie viele Menschen träumen von einem solchen Leben?« »Ja, träumen«, antwortete ich, »aber die Realität sieht doch ganz anders aus. Es gibt kaum eine schwierigere, einsamere Beschäftigung, als Bücher zu schreiben. Ja, ich lebe in einer bukolischen Landschaft. Doch die Tatsache, dass du in einer wunderschönen Landschaft wohnst, bedeutet noch lange nicht, dass dir ständig wunderschöne Ideen kommen, die du in unsterbliche Prosa niederschreibst. Es ist nicht zuletzt eine Frage des Sitzfleischs. Ob dir danach ist oder nicht, du schleppst dich jeden Morgen zum Computer und bleibst sitzen, bis der Bildschirm mit Wörtern gefüllt ist. Inzwischen bin ich mir überhaupt nicht mehr sicher, dass man in einer idyllischen Umgebung besser schreiben kann als, sagen wir, in einer Großstadt. Man hat wohl mehr Zeit und Ruhe, doch gerade in einem kalten, grauen Winter (ja, auch im Mittelmeerraum kann es kalt und grau sein!)

braucht man gelegentlich etwas Abwechslung, einen Bruch der Konzentration, um nicht durchzudrehen.

Für Anfänger ist es ein ziemlich riskantes Geschäft. Ich hatte Glück. Ich wusste, worauf ich mich einlasse, hatte ich doch mein Leben lang vom Schreiben gelebt. Außerdem habe ich eine tolle Agentin. Doch viele Menschen, die sich in ihr Traumhaus zurückziehen, um das Buch zu schreiben, das sie immer schon schreiben wollten, erleben ein unsanftes Erwachen. Wer nicht einen Vertrag in der Tasche hat, wem nicht wenigstens ein paar ermutigende Worte eines Verlegers oder Agenten im Ohr nachklingen, der muss damit rechnen, dass der enorme Zeit- und Kraftaufwand völlig umsonst war. Es passiert leider immer wieder: Niemand interessiert sich für das Werk, keiner will es veröffentlichen. Doch gelegentlich, ganz selten nur, entstehen aus solchen Situationen Bestseller. Wer sich also in den Kopf gesetzt hat, sich ins persönliche Paradies zurückzuziehen, um den Roman des Jahrhunderts zu schreiben, dem kann ich nur viel Glück wünschen!

Als ich nach Umbrien zog, hörte ich von zwei amerikanischen Künstlern, die unabhängig voneinander beschlossen hatten, nach New York zurückzuziehen. Ihnen fehlte die Inspiration, die Anregungen, die in einer Großstadt überall zu finden sind. Damals verstand ich das nicht. Wer kommt auf die Idee, freiwillig das Paradies zu verlassen? Doch zehn Jahre später verstehe ich genau, was in ihnen vorgegangen ist. Ich bin hungrig nach Leben, ich wünsche mir neue Kontakte.

Deshalb verbringe ich einen Teil des Jahres in Berlin. Ich habe verstanden, dass es das perfekte Leben nicht gibt, dass keine Situation, die man sich schafft, auf ewig die richtige ist. Die Zeit vergeht, die Wünsche und Vorstellungen ändern sich. Man sollte bereit sein, sein Leben entsprechend anzupassen.

»Ich werde es tun«, sagt Sissi, »ich werde es ganz bestimmt tun.« Vor wenigen Tagen hatte ich ihr von Ingrid Weichelt und Jutta Ratschinske erzählt. »Ich mache ein Café auf«, erzählte sie begeistert. »Du kennst doch die kleine, heruntergekommene Fahrradwerkstatt, die ein bisschen zurückgesetzt hier an der Hauptstraße liegt. Vor der immer die Motorradteile und das ganze Zeug herumgelegen haben. Sie hat zugemacht, der Besitzer sucht einen neuen Mieter. Man könnte ein tolles Café daraus machen, das habe ich schon immer gedacht. Das Haus ist aus dem 18. Jahrhundert, es könnte wunderschön sein, wenn es erst einmal ausgeräumt ist und einen frischen Anstrich bekommt. Vorn ist Platz für ein paar Tische, und hinten ist ein Garten. Es liegt nah genug an den Geschäften, es gibt Bushaltestellen und eine U-Bahn in der Nähe, und weit und breit kein anderes Café. Nur einen Dönerladen.

»Wär das nicht wahnsinnig aufwändig, die Behördensachen und so?«, fragte ich. »Und wie stellst du dir das mit der Finanzierung vor?«

»Um den Papierkram kümmere ich mich gerade.

Dirk wird mir schon erklären, wie ich an das Geld komme.«

Ich wünschte ihr viel Glück. Es war großartig, dass sie diese Initiative ergriff, dass sie sich zu diesem Schritt entschieden hatte. Doch ich wusste auch, dass sie ein hohes Risiko einging. Ein großer Prozentsatz solcher Geschäfte, Cafés und Restaurants schließt schon bald wieder die Türen. Doch Sissi ist eine vernünftige, vor allem aber erfahrene Frau.

Wenige Tage danach klingelte das Telefon. Sissi. Noch bevor sie das erste Wort gesagt hatte, wusste ich, dass etwas passiert war. Etwas, das ihr Leben verändern würde. »Dirk hat mich verlassen«, verkündete sie. Ihre Stimme verriet keinerlei Regung. »Was???« »Ja. Er zieht aus, er will allein leben, hat er gesagt. Zuerst wollte er nicht zugeben, dass eine Frau im Spiel ist. Sie ist halb so alt wie er. Sieht er denn nicht, wie lächerlich das ist? Sie arbeitet noch immer bei der Bank, und sie werden es wohl geheim halten, bis sie eine neue Stelle gefunden hat. Aber da machen sie sich natürlich etwas vor. Wenn ich es schon mitbekommen habe, dann weiß es bestimmt längst die ganze Stadt.«

Zwei Minuten später stand ich vor ihrer Tür, zum Glück war Sonntag, ihr freier Tag. Ich dachte, ich würde sie in einem ähnlichen Zustand vorfinden wie an jenem Abend nach ihrem fünfzigsten Geburtstag, doch sie wirkte wesentlich gefasster: Bleich, aber ohne zu weinen, ging sie im Wohnzimmer auf und ab. Dirk hatte es ihr am Abend gesagt. Sie hatten sich stundenlang gestritten und angeschrien, er hatte seine Tasche gepackt und war verschwunden. Sissi hatte die ganze Nacht kein Auge zugetan.

»Ehrlich gesagt kam das für mich nicht ganz überraschend«, erklärte sie. »Dirk war so abgeklärt, ich war ihm irgendwie egal, unser ganzes Leben in diesem Haus war ihm egal. Ich bin auch irgendwie gleichgültig gewesen, besonders was den Sex angeht. Ich habe oft keine Lust, manchmal tut es mir sogar ein bisschen weh. Ich weiß, es gibt Salben und so für diese Probleme, aber ich konnte mich nicht einmal aufraffen, zu meiner Gynäkologin zu gehen.«

Ich gab mich optimistisch. »Er kommt bestimmt wieder. Bestimmt eine Midlife-Crisis, das ist ja nichts Ungewöhnliches. Irgendwann findet sie ihn langweilig und nimmt sich einen Jüngeren.«

»Kann schon sein. Aber ich weiß gar nicht, ob ich ihn zurücknehmen würde«, sagte Sissi. Sie versuchte, ihre Gefühle einzuordnen. Sie war wütend, verletzt, erschüttert. Aber am Boden zerstört war sie nicht – noch nicht, dachte ich, das kommt, wenn sie es erst einmal richtig verstanden hat.

»Liebe ich ihn noch? Schwer zu sagen. Nach all den Jahren, den Kindern, dem täglichen Hin und Her, den Rechnungen, die wir bezahlt haben, den unzähligen Abendessen, weiß ich gar nicht mehr, wie ich unsere Beziehung bezeichnen soll. Er war auf jeden Fall ein Teil von mir, er gehörte zu mir, und deshalb bin ich natürlich schockiert, auch wenn ich schon so etwas vermutet habe. Mein Selbstvertrauen ist angeknackst. Ich bin verlassen worden! Ich bin alt und unattraktiv, und deshalb hat er mich verlassen!«

»Hör mal«, unterbrach ich sie, um einen weiteren Zusammenbruch abzuwenden, »du bist weder alt noch unattraktiv, das weißt du genau. Du bist eine sehr schöne Frau, das sage ich dir immer wieder, und wenn Dirk nicht zurückkommt, wird bestimmt noch der ein oder andere Mann in dein Leben treten.«

»Mach dir mal keine Sorgen«, antwortete Sissi, »ich werde mich bestimmt nicht noch einmal so gehen lassen. Was passiert ist, ist sehr ernst. Gerade deshalb muss ich aufhören zu klagen. Ich werde mich zusammenreißen und ein paar Entscheidungen treffen. Genau darüber habe ich die ganze Nacht nachgedacht, ich habe wirklich keine Sekunde geschlafen. Kann schon sein, dass Dirk nach einer Weile zurückkommt, weil er merkt, wie dumm er war. Aber wer weiß? Wenn er nicht bald zurückkehrt, müssen wir das Finanzielle regeln, die juristischen Fragen. So oder so, ich werde mich nicht gehen lassen und die arme, verlassene Ehefrau spielen. Natürlich ist es möglich, dass ich wieder jemanden kennenlerne, aber rechnen kann ich damit nicht. Also nehme ich mein Leben in die Hand. Wenn ich mich von dem Schock ein wenig erholt habe, werde ich noch einmal darüber nachdenken, aber ich denke, dass es richtig ist, jetzt die Sache mit dem Café in Angriff zu nehmen. Ich muss es nur anpacken.«

Sissi erholte sich. Zwei, drei Wochen lang überlegte sie, rechnete, dachte nach. Dann machte sie sich an die Arbeit. Sie holte sich Rat, wo sie nur konnte, sie sprach mit Buchhaltern, Bankberatern und Anwälten. Sie recherchierte im Internet und besuchte einen Kurs für Existenzgründer, sie lernte, wie sie sich Geld besorgen, wie sie ihr Geschäft bewerben konnte. Als sie sicher war, dass das Projekt machbar war, mietete sie die Fahrradwerkstatt und renovierte den Laden mithilfe eines befreundete Architekten. Sie absolvierte einen eintägigen Pflichtkurs, in dem sie über die Buchhaltungspflichten aufgeklärt wurde, über Hygienevorschriften und Vorkehrungen für Behinderte. Sie lernte, was in einem Arbeitsvertrag stehen musste und welche Regeln sie bei den Geschäftszeiten zu beachten hatte. In einem Nebensatz erwähnte der Dozent, dass 90 Prozent solcher Existenzgründungen scheiterten. Eiskalt lief es ihr den Rücken hinunter, doch abschrecken konnte sie diese Zahl nicht. Sie hatte ihre Entscheidung getroffen, sie war überzeugt, dass sie es schaffen konnte. Schließlich wurde sie Mitglied in der Industrie- und Handelskammer, und kurz darauf, schneller, als sie gedacht hatte, erhielt sie die Genehmigung, das Café zu eröffnen.

Ihr war klar, dass es nicht genügte, eine Kaffeemaschine zu installieren und ein paar Tische aufzustellen. Von Laufkundschaft allein konnte sie nicht leben, sie brauchte etwas, das die Leute anzog. Sie musste einen Ort schaffen, an dem man sich gern traf, wo die Atmosphäre stimmte, einen Ort, den man nicht so schnell vergaß. Natürlich hatte sie nichts gegen Rentner, die Kaffee und Kuchen bestellten, doch vor allem wollte sie junge Leute ansprechen, Studenten, Kreative, die sich tagsüber mit ihren Freunden trafen.

Es war ein Glücksfall, dass Rebecca, eine Schulfreundin von Sissi und eine der besten Kuchenbäckerinnen des Landes, gerade ihren Job in einem berühmten Restaurant hingeschmissen hatte. Nach unzähligen Überstunden, nach all dem Druck, der jahrelang auf ihr gelastet hatte, hatte sie beschlossen, dass sie nicht mehr gewillt war, nur einer gut bezahlten Stelle und des Prestiges wegen ihr Leben zu zerstören und ihre Gesundheit aufs Spiel zu setzen. Als Sissi sie anrief, erzählte Rebecca, dass sie auch gerade darüber nachdachte, ein Geschäft zu gründen. »Das trifft sich ja hervorragend!«, rief Sissi. Sofort wurde abgemacht, dass Rebecca den Kuchen liefern würde. In Sissis alter Fahrradwerkstatt an der Hauptstraße unseres Berliner Stadtteils sollte es den besten Kuchen der Stadt geben!

Sissi wusste, dass es auf sie selbst ankam. Sie musste die Atmosphäre schaffen, die Kundschaft pflegen, doch sie konnte unmöglich immer vor Ort sein. Sie brauchte jemanden, auf den sie sich verlassen konnte, der sie im Café unterstützen und gelegentlich für sie einspringen würde. Sie schaltete eine Annonce in der Zeitung und erhielt mehrere Bewerbungen, die sie aber alle nicht überzeugten. Doch dann meldete sich ihr Sohn, ein Musiker, und fragte, ob sie nicht etwas für einen polnischen Kollegen tun könne, der einen Job brauchte, während er seine Doktorarbeit über sowjetische Musik zu Ende schrieb. Sissi war etwas skeptisch, doch nach einem kurzen Vorstellungsgespräch stellte sie ihn ein. Ein freundlicher, lustiger, selbstbewusster Typ war dieser Jacek, er sprach gut Deutsch und hatte Erfahrung in der Gastronomie. Sie einigten sich auf sechs Stunden am Tag. Jacek zeigte sich bei den Arbeitszeiten flexibel, er würde da sein, wenn der Laden am vollsten war. Außerdem hatte er einen riesigen Freundeskreis, die meisten davon Musikstudenten und jederzeit bereit, zu den Stoßzeiten im Café auszuhelfen.

Im Frühjahr war es endlich so weit. Sissi reichte ihre Kündigung im Hotel ein und plante für den 1. Mai die große Eröffnung. Am Morgen regnete es. Doch dann brach die Wolkendecke auf, die Sonne kam – Frühling! Mit Stolz betrachtete Sissi ihre Terrasse, die Rosen und bunten Blumen, die sie in großen Steintöpfen gepflanzt hatte. Die Stühle waren elegant, aber bequem, die Sonnenschirme – darauf hatte sie besonderen Wert gelegt – frei von Werbung. Auch der Innenraum war gelungen: Eine Holzverkleidung aus der alten Fahrradwerkstatt war freigelegt worden und kontrastierte auf wunderbare Weise mit dem modernen Dekor. Alles, bis hin zur Hintergrundmusik, wirkte frisch und ansprechend. Die örtliche Presse war gekommen, einige Fotografen, es kamen Leute aus den Firmen, die ihr beim Ausbau geholfen hatten, Freunde und Nachbarn, selbst ein paar Amts- und Würdenträger. Jacek brachte seine jungen Freunde mit. Es war ein gelungener, ein großartiger Start in Sissis neues Leben.

5 AUF EIGENEN BEINEN

Erstaunlich eigentlich, dass es noch immer Frauen gibt, die Angst davor haben, ihr eigenes Leben in die Hand zu nehmen. Dabei haben wir uns längst an eine Kanzlerin gewöhnt, an Ministerinnen, an weibliche Großindustrielle, an Frauen, die internationalen Verbänden vorstehen. Manchmal sind die Ehemänner schuld an diesen Ängsten oder ein Chef mit altmodischen Vorstellungen, manchmal liegt es an den Eltern, die das Selbstvertrauen ihrer Töchter untergraben, die ihnen ein Gefühl der Unzulänglichkeit mit auf den Weg gegeben haben. Es gibt Frauen, die in Regionen aufgewachsen sind, in denen Frauen bis heute als minderwertig gelten und kaum ernst genommen werden. Wieder andere sind einfach von Natur aus eher schüchtern, sie trauen sich nicht aus ihren Schneckenhäusern heraus. Daher kommt es immer wieder vor, dass sich auch intelligente, gebildete Frauen eher zurückziehen, statt ihre Talente und Fähigkeiten einzusetzen und etwas Interessantes anzupacken.

In den Zeiten der Emanzipationsbewegung gab es Gruppen, in denen sich Frauen gegenseitig halfen,

»Bewusstsein« zu schaffen, die alten, tief sitzenden Vorstellungen abzuwerfen, und ihr Selbstverständnis als Frauen zu verändern. Sie machten einander Mut, sich einen Platz in einer Welt zu erkämpfen, die sie als frei und gleichberechtigt akzeptierte. Wäre es nicht denkbar, das Modell auf das heutige Problem zu übertragen? Könnten ältere Frauen nicht zusammenfinden, um sich von den alten Ideen zu lösen und einander Mut zuzusprechen für die Jahre, die vor ihnen liegen?

An einem lauen Sommerabend saß ich mit Sissi und Angela, einer gemeinsamen Freundin, auf meiner Terrasse. Die knapp sechzigjährige Angela erzählte uns Folgendes:

»Als Peter mir mitteilte, dass er sich in eine andere Frau verliebt hatte und zu ihr ziehen würde, glaubte ich, mein Leben wäre vorbei. Wir waren fünfunddreißig Jahre verheiratet. Wir haben drei Kinder großgezogen. Am Anfang der Ehe habe ich noch als Sekretärin gearbeitet, und ich habe auch zwischendurch immer mal wieder ausgeholfen, aber eigentlich war ich Hausfrau. Peter hat alle wichtigen Entscheidungen getroffen, er war sehr dominant. Alles war so, wie er es sich wünschte. Ich war eigentlich nur ein Schatten, ließ alles geschehen. War ich glücklich? Anfangs schon, aber später... Dass ich unglücklich war, kann ich auch nicht sagen. Ich habe einfach alles so hingenommen. Es hätte mich zu viel Kraft gekostet, meine eigenen Vorstellungen durchzusetzen, mich zu wehren. Mir fehlte der Mut, ich ließ es bleiben. Irgendwie gefiel es mir auch, dass er die Verantwortung für alles übernahm.

Als er dann weg war, war ich traumatisiert. Wie gelähmt. Ich war so beschützt gewesen, ich wusste gar nicht mehr, wie man das machte: Entscheidungen treffen, ein Leben organisieren, etwas gestalten. Es fiel mir sogar schwer, die Einkäufe zu erledigen, mir etwas zu essen zu machen. Die ganze Trennungsangelegenheit überließ ich einem Rechtsanwalt, es überstieg einfach meine Kräfte.

Nach einer Zeit merkte ich, dass ich ein Niemand war. Die Geschäftseinladungen blieben aus. Einige Freunde und Bekannte aus dem Kreis meines Mannes begannen, mich zu schneiden. Selbst bei meinen eigenen Freunden bemerkte ich eine Veränderung. Vor ein paar Tagen war ich bei meiner Freundin Hilda zum Kaffee. Sie sagte: ›Ich muss jetzt mal loslegen hier, es kommen Leute zum Essen.‹ Das hat unglaublich wehgetan. Ich war allein, und das bedeutete, ich gehörte nicht zu diesen ›Leuten‹. Ich war jetzt nur noch jemand, den man sich auf eine halbe Stunde zum Kaffee rüberholen konnte, zu einem Schwätzchen am Nachmittag. Erst in solchen Momenten zeigt sich, was für Freunde man hat!«

»Vielleicht hatte sie Angst, dass du ihr den Mann ausspannst«, sagte ich, »vielleicht hat sie gedacht, du wärst hinter ihm her. Ich spreche aus Erfahrung: Ich habe mal ein Gespräch von Ehefrauen mit angehört, die sich auf einer Cocktailparty über die Jagdinstinkte alleinstehender Frauen beklagten, nachdem sie mich eindringlich begutachtet hatten. Dabei interessierten mich ihre langweiligen Männer überhaupt nicht, ich war aus geschäftlichen Gründen da.«

»Mag sein«, meinte Angela, »aber ich glaube, so war es nicht. Ich bin nicht der Typ Verführerin, das sieht jeder. Aber ich habe mich verraten gefühlt, verarscht, weil Peter, der mich gerade quasi auf der Müllkippe abgeladen hatte, mit seiner neuen Freundin durch die Stadt zog, sich in den besten Restaurants sehen ließ, ins Theater ging, bei Abendessen auftauchte ...

Meine Kinder waren es, die mich schließlich aus dieser Situation gerettet haben. ›Komm schon, Mutti‹, sagte meine Tochter. ›Du darfst dich nicht so einigeln. Du musst dein Leben ganz neu aufbauen, wir werden dir dabei helfen.‹ Sie nahmen mich mit ins Kino, schleppten mich zu Konzerten und organisierten Ausflüge. Meine Kinder und Enkel zeigten mir, dass ich in unserer kleinen, warmherzigen Familie aufgehoben war. Ich begann, mich wieder für das Leben zu interessieren. Ich arbeitete mehr, stellte im Haus die Möbel um. Was mir aber am meisten fehlte – neben Peter, an dem ich noch immer hing –, waren die gemeinsamen Reisen. Denn die Urlaube waren immer unsere schönste Zeit gewesen. Wir haben uns mindestens eine Reise im Jahr erlaubt. Und es gibt für mich nichts Schöneres, als neue, exotische Länder zu sehen, die Sitten und Bräuche anderer Völker kennenzulernen, alte Ruinen zu besichtigen. Marrakesch, Bali, Persepolis … Das haben wir alles gesehen.«

Angela sah verträumt auf, warf einen Blick in den Abendhimmel.

»Ich hätte auch allein losziehen können. Am Geld lag es nicht, die Trennung war fair über die Bühne gegangen. Aber wie sollte ich das anstellen? Allein, als Frau, mit sechzig? Ich fühlte mich ja schon elend, wenn ich nur allein in einem Restaurant essen musste. Selten genug kam das vor, und immer fühlte ich mich beobachtet. Ich dachte dann, dass die Leute mich ansahen und fragten: Was will die denn hier? Hat die keinen Mann abbekommen? Es machte mich so einsam, es war zum Verzweifeln.

Ich hätte auch mit den Kindern, mit ihren Familien in Urlaub fahren können. Doch meine Bedürfnisse sind mit zwei Wochen Strandleben, mit Sonnenöl und ein paar Sandburgen, leider nicht zu stillen. Ich habe da etwas andere Vorstellungen.

Wieder war es dann meine Tochter, die mir den letzten Schubs gab. Sie zeigte mir eine Anzeige: Ein Reisebüro organisierte eine Zehntagetour nach Delhi und Rajasthan. Meine Tochter sagte: ›Fahr mit, dann brauchst du dich um nichts zu kümmern. Und du bist nicht allein.‹

Hab ich gemacht. Indien war toll. Natürlich. Ich habe mich trotzdem elend gefühlt. Die Gruppe bestand aus jungen Leuten, die lieber Joints rauchten, als Mogulenpaläste zu besichtigen, und einigen holländischen Rentnern, die mindestens zehn Jahre älter waren als ich und alles andere als kommunikativ. Und nicht nur wegen der Sprachprobleme. Das heißt, ich war eigentlich allein. Ich hatte niemanden, mit dem ich auf einer Wellenlänge kommunizieren konnte. Die Reiseleiter waren immer diese Peter-Pan-Typen, also nicht mehr ganz junge Männer, die mit Drogen und Mädchen noch irgendwie versuchten, sich an ihre Jugend zu klammern, statt endlich erwachsen zu werden und eine Familie zu gründen. Ich wusste, dass diese Gruppe nicht unbedingt typisch war, doch die Idee einer Gruppenreise ist für mich seither gestorben.

Warum ich nicht mit einer Freundin verreist bin? Meine Freundin Gisela, der ich von meinen Erlebnissen erzählt habe, hat auch gleich gemeint, wir sollten nächstes Mal zu zweit losziehen, wohin auch immer. Doch ich habe gezögert. Als ich verheiratet war, hatte ich immer ein wenig Mitleid mit Frauen, besonders älteren Frauen, die sich in dieser Weise zusammentaten. Irgendwo in meinem Unterbewusstsein habe ich wohl geglaubt, dass mit diesen Leuten etwas nicht stimmte, beinahe, als müssten sie sich für ihre Situation schämen. Ihr braucht gar nicht so zu gucken, mir ist auch klar, dass diese Denkweise nicht ganz auf der Höhe der Zeit war. Ich wusste es halt nicht besser, es war ja alles neu für mich. – Doch bald war ich überzeugt, dass es eine gute Lösung war. Wir kannten uns schon lange, wir verstanden uns gut, wir einigten uns schnell auf ein Reiseziel: Sizilien. Wir flogen nach Catania, nahmen einen Mietwagen und fuhren einmal um die Insel. Die eindrucksvollsten Zeugnisse der griechischen, römischen, arabischen und normannischen Besiedlung findet man nämlich vor allem an den Küsten. Die Zitronenbäume blühten, die ganze Insel schien zu duften, es war himmlisch. Ich schwelgte …

Nur Gisela störte. Meine Freundin war nämlich voller Vorurteile. Sie hörte einfach nicht auf, sich über die Einheimischen lustig zu machen! Ständig kamen irgendwelche abfälligen Bemerkungen … als lebten in Sizilien nur primitive Idioten und nicht die Nachfahren einer uralten, unvergleichlichen Zivilisation! Und wenn etwas nicht so funktionierte, wie sie es sich vorstellte, wenn etwa ein Museum geschlossen war oder die gebuchten Zimmer keinen Meerblick hatten, regte sie sich wahnsinnig auf und schmollte stundenlang. Meine Einstellung ist immer eine ganz andere gewesen: Wenn man unterwegs ist, muss man die Dinge nehmen, wie sie kommen. Das gehört einfach dazu. Es kann nicht alles so gut funktionieren wie zu Hause.

Am Ende unserer Reise war ich total gestresst. Ich konnte einfach nicht mehr an mich halten und habe sie angeschrien, wir haben uns richtig gefetzt. Auf dem Heimflug saßen wir schweigend nebeneinander. Inzwischen haben wir uns natürlich wieder versöhnt, wir haben beschlossen, gute Freundinnen zu bleiben und nie wieder gemeinsam zu verreisen.

Trotzdem hat mich diese Erfahrung deprimiert. Offenbar gab es für mich nur zwei Möglichkeiten: Entweder ich nahm meinen Mut zusammen und reiste allein, oder ich blieb zu Hause. Doch eines Tages blätterte ich beim Zahnarzt in einer Zeitschrift und las einen Artikel über Frauenhotels. Offenbar war das ein richtiger Trend, was völlig an mir vorbeigegangen war. In diesen Hotels herrscht eine sehr entspannte Atmosphäre, die nicht nur von Touristinnen, sondern auch von Geschäftsfrauen geschätzt wird. Man kann an der Bar sitzen, etwas trinken, mit anderen Gästen ins Gespräch kommen. Man kann auch allein an einem Tisch sitzen, ohne von irgendwelchen Männern bedrängt zu werden. Diese Hotels schaffen eine Umgebung, die ganz auf die Bedürfnisse von Frauen abgestimmt ist – vom Lockenwickler bis zum Internetzugang bekommt man hier alles. Ich glaube, in meinem Alter sind aufdringliche Männer nicht mehr so das Problem, aber ich fühle mich noch immer ausgesprochen unwohl, wenn ich allein in einem Restaurant sitze, oder in einer Hotellobby. Ich glaube, die meisten Frauen sind so. Also bestellt man sich das Essen aufs Zimmer.

Na gut, dachte ich, das probiere ich mal aus, nur für ein Wochenende. Mal sehen, ob mir das gefällt. Ich fuhr nach Hamburg, wo ich mir unbedingt eine Ausstellung ansehen wollte, und stellte fest: Das ist etwas für mich. Es hatte so eine leichte Clubatmosphäre, als gehörte man gleich dazu. Mir war gar nicht unangenehm, dass ich allein unterwegs war. Ganz im Gegenteil: Ich war entspannt, fühlte mich frei. Man konnte sich mit den Gästen unterhalten, vielleicht sogar etwas unternehmen, oder man zog allein los. Mir gefiel das so gut, dass ich ein paar Monate später nach Paris fuhr, wieder in ein Frauenhotel. Es gab so viel zu sehen, zu entdecken! Ich war nur einmal mit Peter dort gewesen, und er hatte mich in einem Wahnsinnstempo von einer Sehenswürdigkeit zur nächsten geschleppt – also zu den Orten, die er für interessant hielt. Ich wollte einfach nur durch die Quartiers schlendern und die Atmosphäre aufsaugen. Im Hotel lernte ich dann eine Witwe aus München kennen, und es stellte sich schnell heraus, dass wir viel gemeinsam hatten. Wir verstanden uns auf Anhieb. Wir gingen einkaufen und stellten fest, dass wir einen ähnlichen Geschmack und ähnliche Vorstellungen hatten. Auf einmal bemerkte ich, dass ich viel mehr Spaß hatte als mit Peter. Einige Monate später verabredeten wir uns in einem Londoner Frauenhotel. Ich hatte inzwischen herausgefunden, dass es eine ganze Reisebranche gibt, die nur auf Frauen zugeschnitten ist. Es gibt Pauschalreisen, Wellnessreisen, Bildungsreisen, alles. Doch ich war längst einen Schritt weiter. Ich hatte Selbstvertrauen gewonnen und nahm die Herausforderungen, die meine neue Situation mit sich brachte, gern an. Mein Ziel war es, wie Sorrel zu werden.«

Sorrel? Ich war verwirrt. Doch dann erinnerte ich mich, dass ich Angela von meiner englischen Freundin Sorrel Bentinck erzählt hatte, die 2002, im Alter von sechzig Jahren, eine Weltreise gemacht hatte. Während ich das längst vergessen hatte, war Angela davon offenbar sehr beeindruckt gewesen.

Sorrel ist seit Jahren geschieden. Sie hat einen Sohn und zwei Töchter, Zwillinge. Die Mädchen hat sie ganz allein aufgezogen. Das ging, weil sie eine kleine, einträgliche Marketingfirma gegründet hatte. Sie hatte immer davon geträumt, einmal die Welt zu sehen, doch wegen der Kinder und der Arbeit war an eine große Reise nicht zu denken gewesen. »Seit meinem achtzehnten Lebensjahr habe ich ununterbrochen gearbeitet. Also zweiundvierzig Jahre lang, an einem Stück. Nun hatte ich das Gefühl, dass der richtige Zeitpunkt für den Absprung gekommen war, denn sonst hätte ich wohl für den Rest meines Lebens gearbeitet. Die Zwillinge waren aus dem Haus, ich fühlte mich jung, ich wollte etwas erleben. Ich nahm mein Erspartes und kaufte ein Ticket, ein Weltreise-Ticket.«

Sorrel besuchte Freunde, sie wandelte auf Touristenspuren, und sie erlebte einige unglaubliche Abenteuer. Erst einmal flog sie mit ihrer Schwester nach Sri Lanka, eine Gruppenreise. Eigentlich alles ganz harmlos. »Ich reiste etwas später an als die anderen. Ich hatte vierundzwanzig Stunden nicht geschlafen. Und auf einmal saß ich auf einem Elefanten. Die anderen trugen praktische Tropenanzüge und Stiefel, meine

Schwester und ich – ich weiß nicht mehr, warum – trugen Sandalen und leichte, fließende Kleider aus Seide. Wir sahen wohl sehr altmodisch aus, denn gegen Ende des Aufenthalts nannten sie uns Memsahibs, oder einfach Mems, wie die Frauen der alten britischen Kolonialverwalter.«

Von Sri Lanka ging es weiter nach Mumbai. Dort gab sie einen Kurs für Leute, die in Marketing geschult werden wollten. Es war das erste Mal, dass sie mit dem Leben in der Dritten Welt konfrontiert wurde.

»Ich wohnte bei einer sehr freundlichen Familie. Wohl eine Familie aus der Mittelschicht, aber alles war sehr einfach. Ein Bad gab es nicht, immerhin aber eine Art Toilette. Ich wollte mir auf eigene Faust die Stadt ansehen, aber das hielten sie für zu gefährlich. Ich fühlte mich wie gefangen. Dann bekam ich die Anfrage, außerhalb von Mumbai einen Vortrag zu halten. Das Haus, in dem die Veranstaltung stattfinden sollte, war ein Rohbau, es hatte nicht einmal Fenster. Die Besitzerin hatte alles geschrubbt und auf Hochglanz gebracht, das konnte ich erkennen, aber trotzdem schien sie sich zu schämen. Überall waren Ratten, auf den Mauern, im Wäschekorb. Man merkte schnell, dass diese Menschen sehr arm sein mussten. Doch was mich sehr bewegte, war, dass sie ihr Leben in die Hand nahmen und etwas daraus machen wollten. Schließlich saß ich also mit einer Gruppe von Männern auf dem Flachdach des Hauses, wo die Menschen dort immer sitzen, wenn es abends oder nachts kühler wird. Ich trug einen der beiden Salwar Kamiz, die ich mir kurz zuvor zugelegt hatte, eine traditionelle indische Kombination aus Umhang und Hose. Ich wollte nicht anecken mit meiner westlichen Kleidung, außerdem gefiel es mir, mich ein wenig anzupassen. (Die ganze Woche in Mumbai blieb ich bei diesem Aufzug und fühlte mich ganz wohl dabei.)

Auf dem Dach gab es erstaunlicherweise kein Licht, ich sah eigentlich nur die Zähne meiner Zuhörer, das Weiße ihrer Augen. Keine Ahnung, ob sie mich verstanden, es wurde alles übersetzt, da keiner von ihnen Englisch sprach. Ab und zu stürzten schwarze Vögel aus dem Nachthimmel auf uns herab, riesig und voller Neugier, wie in dem Hitchcockfilm, ich erschrak immer wieder. Die Zuhörer waren alle sehr freundlich. Am Ende wollte jeder mit mir fotografiert werden, das hörte und hörte nicht auf. Ich war so müde, es war ein langer Tag gewesen …«

Sorrel besuchte anschließend Freunde in Singapur und Hongkong und flog weiter nach Kambodscha. Eine Freundin hatte sie gedrängt, die Tempel von Angkor zu besuchen, die bisher von den großen Touristenströmen verschont geblieben seien. Kambodscha, stellte sich heraus, war eine Herausforderung und nicht ganz ungefährlich. Sie wurde beinahe nicht ins Land gelassen, weil sie die Ankunftsgebühr nicht bezahlen konnte. Der Geldautomat am Flughafen akzeptierte ihre Kreditkarte nicht, und sie hatte kein Bargeld zum Tauschen. Schließlich wurde sie von einem Beamten in die Stadt begleitet, um Geld an einem Automaten zu ziehen. Vielleicht war das auch der Grund, warum ihr Phnom Penh von Anfang an nicht gefiel. Zudem gab ihr das Hotel, in dem sie reserviert hatte, nur ein Zimmer ohne Fenster. Als sie damit drohte, das Hotel zu verlassen, wurde jemand anderes aus seinem Zimmer herauskomplimentiert. Klar, dass sie sich damit nicht gerade beliebt machte.

Auf einer Fähre brach sie schließlich nach Angkor Wat auf. Doch sie merkte schnell, dass sie allen Grund hatte, deren Seetüchtigkeit anzuzweifeln. Vor der verranzten Kabine hatte man sie gewarnt. Also saß sie an Deck und verbrannte in der gnadenlosen Sonne. Das Essen, das sie mitgebracht hatte, wurde vom Wind erfasst und landete bei den Fischen. Bevor sie in ein wankendes, furchtbar überfülltes Beiboot klettern durfte, das sie an Land bringen sollte, fand sie sich mitsamt ihrem schweren Rucksack auf einem zwanzig Zentimeter breiten, ungesicherten Gang wieder, im Gedränge schubsender, keifender Menschen – unter ihr nur stinkendes, dreckiges Wasser. »Und das mit sechzig!« Das Beiboot hatte mehrere Lecks, das Wasser stand bis ans Dollbord. An einem faulig riechenden, mit Fischköpfen übersäten »Strand« ließ man die Fahrgäste aussteigen. »Ich stieg über eine schmale Planke, die im Schlamm zu versinken drohte, und war froh, als ich endlich festen Boden unter den Füßen spürte.

Zum Glück hatte ich ein Zimmer reserviert. Ich rief im Hotel an und bat, mir ein Taxi zu schicken. Schon bald entdeckte ich einen etwa siebzehnjährigen Jungen, der einen Zettel mit meinem Namen hochhielt. Und? Wo ist das Taxi?, fragte ich. Er zeigte auf sein Moped. Ich war sprachlos. Doch er band meinen Rucksack an den Lenker, ich stieg auf, wir fuhren los. Was ich nun erlebte, sprengt jede Vorstellungskraft: Ich bin in meinem Leben noch nicht so durchgerüttelt worden, die ganze Straße bestand nur aus Schlaglöchern, die Fahrt schien endlos. Irgendwie erreichten wir schließlich das Hotel, das in Ordnung war, sehr sauber.«

Ein Bekannter hatte ihr erzählt, dass sie in Angkor unbedingt die buddhistischen Mönche besuchen sollte. Er hatte einige Nächte im Tempel wohnen dürfen und ihr gesagt, dass diese Erfahrung sein Leben verändert hätte. Also erkundigte Sorrel sich. Der Mopedfahrer, der ein paar Worte Englisch konnte, übersetzte für sie. Niemand wollte ihr Auskunft geben, was offenbar daran lag, dass sie noch keine Zeit gehabt hatte, sich nach den Erlebnissen auf der Fähre wieder zurechtzumachen. Doch sie gab nicht auf. Schließlich fand sie heraus, dass die Mönche keine Frauen empfingen, man schickte sie aber zu einer Gruppe buddhistischer Nonnen. Nur mit sehr viel Einsatz und Glück gelang es ihr, diese Nonnen ausfindig zu machen. Sie fragte die Frauen, ob sie bei ihnen wohnen dürfe, um etwas über ihre Lebensweise zu erfahren.

»Sie waren sehr freundlich und luden mich ein, in zwei Tagen zum Morgengebet zu ihnen zu kommen. Ich musste um fünf Uhr aufstehen, es war noch stockfinster. Mein Fahrer war trotzdem zur Stelle, unglaublich! Doch das Haupttor des Hotelgeländes war abgeschlossen. Also musste ich über einen ziemlich hohen Zaun klettern.

Wir fuhren über ein riesiges Feld voller Gräber und Grabmale. Der Junge hatte eine Wahnsinnsangst, die Einheimischen glauben, dass es dort Gespenster gibt. Schließlich erreichten wir den Ort, wo die Nonnen ihr Gebet abhalten. Sie trugen einfache weiße Gewänder und Hosen, jede hatte einen Bastkorb, in dem ihr Gebetbuch lag. Mit einem weißen Tuch, das man mir reichte, bedeckte ich meine Fußsohlen. Der gigantische Buddha, vor dem wir saßen, sollte sie nicht sehen. Die Nonnen begannen mit ihren Gesängen. Die Frauen saßen zwar nicht im traditionellen Lotussitz, aber wenn man es nicht gewöhnt ist, auf dem Boden zu sitzen, kann es nach einiger Zeit sehr unangenehm werden, egal in welcher Position. Ein Gesang folgte auf den nächsten, sie flossen ineinander, bis ich in eine Art Trance verfiel. Es war ein bisschen wie Meditation, ich verlor jedes Bewusstsein für die Zeit. Irgendwann, nach einer Stunde vielleicht, hörte der Gesang auf. Genau zu diesem Zeitpunkt begannen die Vögel in der ersten Dämmerung zu zwitschern.

Eine wahnsinnige Erfahrung. So etwas gibt es im Westen nicht. Kann sein, dass außer mir noch nie jemand aus dem Western dort war. Die Nonnen waren winzig und unglaublich freundlich. Sie stellten mir unzählige Fragen und zeigten sich erstaunt, dass ich so lange hatte sitzen können. Die meisten von ihnen waren in meinem Alter, ungewöhnlich in einem Land, in dem beinahe eine ganze Generation ausgelöscht worden war. Vielleicht hatten die Roten Khmer die Nonnen einfach nicht gefunden, vielleicht hatten sie sie vergessen. Das Kloster selbst habe ich nicht gesehen, ich wollte mich nicht aufdrängen.«

Ihre nächsten Stationen waren Australien, Tasmanien, Neuseeland, Peru und die USA. Da sie in Kambodscha noch ein paar Tage Zeit bis zum Abflug nach Sydney hatte, fuhr sie an die Küste. Stundenlang spazierte sie über die wunderschönen Strände, sie ließ sich treiben, und jedes Mal, wenn sie eine der lieblichen Buchten entdeckte, ging sie schwimmen. In irgendeinem Fischerdorf nahm sie sich ein Motorradtaxi und ließ sich zum Hotel zurückbringen.

Doch einmal führte der Weg direkt in den Dschungel. Plötzlich stand sie an einem steilen Abhang. Unten waren drei bewaffnete Männer, die sie schon entdeckt hatten. »Ich weiß nicht, was die vorhatten, bestimmt nichts Gutes. Ich hatte eine Riesenangst. Mir zitterten die Knie. Mir fiel nichts anderes ein, als mein freundlichstes Lächeln aufzusetzen und weiterzugehen. So sind wir Engländerinnen. Doch der Urwald wurde immer dichter, immer undurchdringlicher. Ich kam einfach nicht weiter. Also ging ich zurück.

Wieder die drei Männer, die jetzt offensichtlich richtig wütend waren. Sie bedrohten mich mit den Gewehren. Sobald ich mich umdrehe, dachte ich, schießen sie mir in den Rücken. Ich habe mich noch nie so schutzlos gefühlt, in meinem ganzen Leben nicht. Es ist, wie ihr sehen könnt, gut gegangen. Wahrscheinlich weil ich absolut unverkennbar eine Touristin war.« Wahrscheinlich, meinte Sorrel, seien es Schmuggler gewesen, die auf eine Ladung warteten.

Es gab schwierige Momente, und doch hat Sorrel ihre Entscheidung nicht bereut, nach Kambodscha zu reisen. »Unser Leben hier verläuft so ruhig, so unaufgeregt. In Kambodscha bin ich bis an meine Grenzen gegangen, körperlich, aber auch mental. Die unglaubliche, erdrückende Armut zu sehen … Bei uns zu Hause hört man ja immer wieder einmal von Leuten, die von Sozialhilfe leben und den ganzen Tag vor der Glotze hängen. Mein Verständnis dafür hält sich seither sehr in Grenzen.«

Ihre Weltreise war das Ergebnis einer Lebensphilosophie, die sie nach ihrer Scheidung entwickelt hatte. »Wenn man sich trennt oder scheiden lässt oder so etwas, steht man zwangsläufig vor einer Entscheidung: Wird man eine elende, verbitterte Alte, der ihr Mann abhandengekommen ist, oder nimmt man sein Glück in die Hand? Ich habe mich mit allem, was ich hatte, auf die zweite Möglichkeit gestürzt.

Doch was beim Reisen das Allerwichtigste ist, ist die richtige Begleitung. Es kann furchtbar sein, mit jemandem zu verreisen, der nicht auf der gleichen Wellenlänge ist wie man selbst. Ich reise inzwischen auch sehr gern allein, es gibt mir eine Menge. Ich muss mich nur um meine eigenen Bedürfnisse kümmern, und ich brauche vor allem keine Rücksicht zu nehmen, weil ich befürchte, dass mein Reisepartner sich durch mich eingeschränkt fühlt.

Am wichtigsten ist, sich viel Zeit zu lassen. Wenn dann irgendwas schiefgeht, hat man noch genug Zeit, die Dinge zu klären. Ich kann es überhaupt nicht leiden, spät dran zu sein. Wenn ich Angst habe, meinen Flug zu verpassen oder so. Und ich habe gelernt, leicht zu packen. Und immer ein gutes Buch einzustecken.«

Als ich das letzte Mal mit Sorrel sprach, plante sie gerade eine große Reise zu ihrem Siebzigsten. Allerdings nicht nach Kambodscha …

6 DIE TYRANNEI DES FÜNFUNDSECHZIGSTEN GEBURTSTAGS

»Unversehens beschleicht uns das Alter«, schrieb Simone de Beauvoir in ihrem Buch »Das Alter« (»La Vieillesse«). Sie glaubte, dabei Goethe zu zitieren, hat sich aber wohl geirrt. Trotzdem stimmt die Bemerkung. In der Mitte des Lebens denken wir nicht so oft über das Älterwerden nach. Doch dann häufen sich die Momente in denen wir spüren, dass wir nicht mehr die Jüngsten sind. Sissis »Augenblicke der Wahrheit« haben das sehr deutlich gezeigt. Meistens gibt es einen bestimmten Auslöser: eine Krankheit, ein runder Geburtstag, der Tod eines Gleichaltrigen, das Ende einer Ehe oder Beziehung. Vielleicht sieht man nur ein Foto von sich, auf dem man sich nicht mag, oder man hört einen kritischen Kommentar. Die meisten Menschen empfinden den Eintritt in das Alter nicht als sanften Übergang. Eher scheint es, als käme es in Schüben. Auf einmal sieht man nicht mehr so gut, dann ist man plötzlich nicht mehr so beweglich. Das kann einen aus der Bahn werfen, wie es Simone de Beauvoir erfahren hat. »Ich weiß noch«, schreibt sie in La Vieillesse, »wie verblüfft ich war, als ich zum ersten Mal in meinem Leben richtig krank wurde. Ich sagte mir: Diese Frau, die sie aus dem Haus tragen, bin ich.« Manchmal führen solche Momente zu einer tiefen, persönlichen Krise. So wie bei Sissi, als sie fünfzig wurde, und bei Laura, die viel älter war. Sie feierte ihren Siebzigsten, wurde zum ersten Mal Großmutter, und verliebte sich. Alles innerhalb kürzester Zeit. Das war einfach zu viel für sie.

Die meisten von uns können den Wendepunkt, den Augenblick der Wahrheit, an einem einzigen Ereignis festmachen. Und dieses Ereignis wirft seinen Schatten auf alles, was folgt, psychologisch und in jeder anderen Hinsicht: Es ist der Augenblick, an dem wir aufhören zu arbeiten.

Die wenigsten Menschen sehen ihr Leben als etwas Durchgängiges, Unteilbares an, wie ein einziges, durchgewebtes Stück Stoff. Erst recht nicht die jungen. Und sie denken mit einem Schaudern an das Alter, sie würden sich am liebsten gar nicht damit auseinandersetzen. Erst wenn sie älter werden oder wie Sissi darüber nachdenken, sich aus ihrer Beziehung zu lösen und allein zurechtzukommen, beginnen sie zu ahnen, was ihnen bevorsteht. Damals, als ich jung war, bestand mein Lebensplan darin, spätestens mit Mitte zwanzig zu heiraten und dann Kinder zu bekommen. Das war's. Und darin unterschied ich mich auch nicht von den anderen Mädchen. Als ich feststellen musste, dass das Leben anders spielt, war ich erst einmal schockiert. Wahrscheinlich sind die Leute heutzutage etwas realistischer, als wir es waren. Und doch findet man auch heute kaum einen jungen Menschen, der sich Gedanken über die zweite Lebensphase macht, ganz zu schweigen vom Alter und vom Ruhestand. Aus diesem Grund habe ich immer eine gewisse Bewunderung für einen jungen afrikanischen Freund gehabt, der sein ganzes Leben im Voraus geplant hat. Er erklärte mir vor langer Zeit, dass er mit vierzig seine Stelle bei der UNO aufgeben wolle, um in seine Heimat zurückzukehren. Dort wollte er in die Politik gehen. Später würde er dann Land kaufen und Farmer werden. Daraus wurde schließlich doch nichts, da er zum Generalsekretär der UNO ernannt wurde. Doch ich bin mir sicher, dass er den letzten Lebensabschnitt respektierte und sich genauso sehr damit beschäftigte, wie mit seinen jüngeren Jahren.

Es ist Bismarck, dem ersten deutschen Kanzler, zu verdanken, dass ein Jahrhundert lang praktisch jeder mit fünfundsechzig in Rente gegangen ist. Als der Eiserne Kanzler 1889 das erste Rentensystem in Deutschland (und der ganzen Welt) einführte, setzte er das Rentenalter allerdings auf siebzig Jahre an. Bismarck selbst war damals bereits vierundsiebzig, doch die durchschnittliche Lebenserwartung betrug gerade einmal siebenunddreißig Jahre. Das Rentenversprechen und einige weitere Sozialleistungen, die er einführte, kosteten den Staat also nicht viel, genügten aber, um den

Sozialisten, die den autoritären Staat bedrohten, den Wind aus den Segeln zu nehmen. Selbst als Bismarck schon achtzehn Jahre tot war und das Rentenalter auf fünfundsechzig herabgesetzt wurde, hatten nur die wenigstens etwas davon. Im Bezug auf die heutige Lebenserwartung wären wir jetzt, wenn man das weiterführen würde, bei einer Rente mit fünfundneunzig angekommen. Die meisten anderen Länder folgten dem deutschen Beispiel und setzten das Rentenalter ungefähr auf fünfundsechzig fest.

Bismarck ging es nicht darum, die Menschen aus der Arbeit zu drängen. Es ging ihm darum, die Beschwerden zu lindern, die mit dem Alter kommen. Damals gab es weder Antibiotika noch Zentralheizungen, und niemand wusste, was Omega-3-Fettsäuren sind. Damals tat man, was man immer getan hatte: Man arbeitete, bis man starb oder bis man einfach nicht mehr konnte. Wer Glück hatte, wurde von seiner Familie versorgt. Die Idee des Rentnerdaseins, die Vorstellung, dass man nach einem arbeitsreichen Leben eine jahrzehntelange Freizeit genießt, existierte damals noch nicht. Erst als die Industrialisierung fortschritt und die Entwicklungen immer rasanter zunahmen, wurden immer jüngere, flexiblere und billigere Arbeitskräfte eingesetzt. »Alt« war auf einmal gleichbedeutend mit »nutzlos«. Schließlich spielte es kaum noch eine Rolle, ob ein Arbeiter gesund und kräftig war oder nicht; wer alt war, musste seinen Platz räumen. Dafür bekam er dann die Rente.

Obwohl wir heute viel älter werden, obwohl sich die Lebenserwartung verdoppelt hat, haben wir an diesem System beinahe hundert Jahre festgehalten. Das ist mehr als erstaunlich. Die Rente ist nicht mehr ein Sicherungssystem für den Extremfall, für die ältesten Greise, sondern ein Grundeinkommen für die letzten zehn, zwanzig, manchmal dreißig Jahre, die man frei gestalten kann. Am erstaunlichsten aber ist, dass man Beamte im Ruhestand und andere sogar davon abhalten möchte zu arbeiten, und denjenigen, die es trotzdem versuchen, entsprechend die Bezüge kürzt.

Patrick M. Liedtke, der Generalsekretär und Geschäftsführer der Geneva Association, bezeichnet das System als Bismarcks Rentenfalle. Man greift in einer Weise in das Verhalten der Menschen ein, die dem System selbst am Ende nur schadet und es letztlich sogar zerstört. Am einen Ende entzieht man der Wirtschaft die von ihr benötigte menschliche Produktionskraft, zum Beispiel erfahrene und tüchtige ältere Arbeitnehmer, und am anderen fehlen die Jungen, die sie unterstützen können. Es ist eine nette Falle, man landet weich, das weiß auch Liedtke, doch es bleibt eine Falle, »es sei denn, es gelingt, das Leben in seinen verschiedenen Phasen ganz neu zu durchdenken«.

Liedtke fordert die Gesellschaft auf, radikalere Lösungsmöglichkeiten in Betracht zu ziehen. »Warum«, fragte er, »haben wir die Lebenszeit, die in den letzten hundert Jahren dazugekommen ist, immer nur als Verlängerung der letzten, der inaktiven Phase angesehen? Wieso glauben wir, dass der Ruhestand so etwas sein muss wie eine Woche, die nur aus Sonntagen besteht? Warum ist es unserer Gesellschaft bisher nicht gelungen, ältere Menschen in den Arbeitsmarkt zu integrieren, warum schaffen wir nicht die entsprechenden Bedingungen?«

Liedtke wünscht sich eine Auseinandersetzung über unsere grundlegendsten Annahmen. Er räumt ein, dass es schwierig sein wird, bessere Kriterien für den Eintritt ins Rentenalter zu schaffen. Doch das chronologische Alter entspricht längst nicht immer dem biologischen. Gleichaltrige haben zum Teil sehr unterschiedliche körperliche und geistige Voraussetzungen. »Das Alter spielt eigentlich keine Rolle«, schreibt er, »was zählt, sind allein die Fähigkeiten, die man hat.«

Die Grenze von fünfundsechzig wird langsam aber sicher aufgelöst. In den USA, in Großbritannien und in Kanada ist die Pensionierung mit fünfundsechzig längst nicht mehr obligatorisch. In Kanada wird es als Menschenrecht angesehen, so lange zu arbeiten, wie man will. In den USA dagegen sind viele ältere Menschen gezwungen, eine schlecht bezahlte Arbeit anzunehmen, weil das soziale Netz einfach nicht da ist.

In Deutschland und einigen anderen EU-Ländern hat man beschlossen, das Rentenalter in einem Zeitraum von vierundzwanzig Jahren auf siebenundsechzig heraufzusetzen, aller Voraussicht nach nicht einmal genug, um mit der steigenden Lebenserwartung

Schritt zu halten. Im Jahr 2060 soll das Rentenalter dann siebzig Jahre betragen, dahinter steht die Rechnung, dass Menschen nicht mehr als ein Drittel ihres Lebens im Ruhestand verbringen sollen. Hört sich im Prinzip vernünftig an.

Zur Zeit ist es so, dass jedes Jahr eine Art gezwungener Ausmarsch der Fünfundsechzigjährigen stattfindet. Doch viele hören sogar noch früher auf, was eigentlich zeigt, dass die Menschen an dem System nichts ändern wollen. Als die französische Regierung 2010 vorschlug, das Rentenalter um zwei Jahre, auf zweiundsechzig, hinaufzusetzen, kam es zu gewaltsamen Ausschreitungen. Die Regierung hat es trotzdem durchgesetzt. Auch in Großbritannien und anderswo kam es zu Protesten und Demonstrationen.

Doch nicht jeder ist bereit, die Arbeit aufzugeben und ein Leben im Halbschatten der Gesellschaft zu führen. Bismarck hätte sich bestimmt nicht träumen lassen, was sich beinahe tagtäglich im modernen Deutschland abspielt. Da ist zum Beispiel die Berlinerin Lisa Schneider, die ich im Café des Literaturhauses in der Fasanenstraße in Berlin getroffen habe. Sie ist voller Lebensmut, sie ist fit und bestens qualifiziert. Sie hat Semiotik, Politikwissenschaft, Englisch, Soziologie und Vergleichende Literaturwissenschaften studiert, und zwar in fünf Ländern, jeweils an den besten Universitäten. Sie hat drei akademische Grade und spricht fünf Sprachen. Sie hat als Journalistin gearbeitet und Dokumentationen für das Fernsehen gedreht. An der Columbia Universität in New York hat sie Vorträge gehalten und an Forschungsprojekten teilgenommen. Sie hat im Theater gearbeitet und beim Film, sie hat Bücher veröffentlicht und ein Literaturfestival geleitet. Und falls sich das alles nicht gewichtig genug anhört: Einige Jahre war sie für die UNESCO und verschiedene andere UNO-Organisationen in Südamerika, in Indien und China tätig. Doch offenbar genügt all das nicht, um in Deutschland eine angemessene Stelle zu finden. Überall wurde sie abgelehnt. Warum? Weil sie kurz vor ihrem fünfundsechzigsten Geburtstag stand. »Es geht leider nicht mehr, Sie sind zu alt, hieß es dann immer«, erzählt sie. »Selbst wenn ich erklärte, dass ich unbedingt weiterarbeiten will.« Ihr Vertrag bei der UNO lief aus, aber sie war einfach noch nicht bereit aufzuhören. Doch egal, wo sie anfragte, immer bekam sie die gleiche Antwort: »Was wollen Sie denn noch machen? Lassen Sie die Jungen ran.« Nicht einmal ihre eigenen Freunde, nicht einmal die Frauen in ihrem Alter, hatten Verständnis für sie. »Das ist halt so«, sagten sie nur, »damit musst du dich abfinden.«

»Plötzlich wird man nicht mehr gebraucht. Nachdem man ein Leben lang erfolgreich war, wird man jetzt ausgesondert wie Müll.« Sie ist heute noch wütend darüber. »Kein alter Mensch darf mehr Jobs haben! Raus aus den Jobs!« Sie kam sich wie eine Verbrecherin vor, nur weil sie arbeiten wollte. Sie habe sich gefühlt wie in einem Schleudersitz, erzählte sie mir, sodass sie schließlich in eine tiefe Depression gefallen sei. Anderthalb Jahre lang war sie wie gelähmt, weil sie sich überflüssig vorkam, das Telefon nicht mehr klingelte. Sie war am Ende.

Zum Glück kannte sie einige Leute in der Filmbranche. Einer schlug ihr vor, ein Drehbuch zu verfassen. Sie hatte schon einmal begonnen, einen Spielfilm über das berühmte Opernhaus Teatro Amazonas in Brasilien zu schreiben, doch daraus war nichts geworden. Sie nahm das Manuskript wieder hervor und begann, es zu überarbeiten. Obwohl sie bis dahin nur Dokumentarfilme gemacht hatte, scheint ihr Projekt ausgesprochen erfolgversprechend zu sein. Ein amerikanischer Produzent hat sich schon gemeldet, der sehr daran interessiert ist. Lisa schreibt jeden Tag von 10 bis 14 Uhr, dann noch einmal von 22 Uhr bis halb drei am Morgen. Sie wirkt sehr zufrieden. »Meine Freunde haben mich aufgepäppelt und motiviert«, sagt sie, »jetzt bin ich wieder ich selbst.«

Mir selbst erging es ähnlich. Es begann damit, dass ich an einem grauen Montag im November des Jahres 1996 an einem Tisch in der Berliner Paris Bar saß und wartete. Die Paris Bar gehörte damals zu meinen Lieblingsrestaurants. Drei Stunden vorher hatte die Sekretärin meiner Zeitung aus London angerufen und gesagt, der Geschäftsführer sei auf dem Weg nach Berlin und wolle sich zum Mittagessen mit mir treffen.

Mir war klar, was mich erwartete. Der Mann hatte

mich erst zwei Jahre vorher abgeworben, kurz nachdem er selbst eingestellt worden war. Er hatte es als eine Art Coup verkauft und war sehr stolz auf sich. Was er nicht wusste, war, dass bei mir noch andere, geheime Überlegungen hineinspielten. Die britische Zeitungsindustrie befand sich auf dem Weg in eine existentielle Krise. Die Zeitung, für die ich arbeitete, war zwar sehr angesehen, stand aber finanziell auf wackligen Füßen. Jeder von uns spürte, dass er der Nächste sein könnte. Ich dachte, wenn ich schon gefeuert werde, dann lieber von einer reichen Zeitung als von einer armen. So kam der Wechsel zustande.

Glücklich war ich nicht. Bald schon kam ein neuer Herausgeber, die ehemals berühmte Zeitung wurde immer reißerischer und ähnelte bald einem Boulevardblatt. Einmal schickte man mich zum Beispiel nach Bayern, um über einen katholischen Priester zu berichten, der ein Kind mit seiner Haushälterin gezeugt hatte. Das entsprach nicht gerade den Vorstellungen, die ich hatte, als ich mein Leben dem Journalismus widmete. Ich wollte also unbedingt aufhören und fragte mich selbst immer wieder, warum ich nicht einfach kündigte. Doch wenn man mich feuern würde, wartete eine große Abfindung auf mich, die genügen würde, die erste Zeit zu überbrücken.

Und tatsächlich war es jetzt so weit. Die Zeitung war in der Krise unter Druck geraten, der Mann wollte sich zweifellos noch einmal profilieren, indem er eine gut bezahlte Auslandskorrespondentin schasste. Und so kam es dann auch: Während ich meinen Salade Bernard genoss, erklärte er mir, dass nach dem Mauerfall und der Wiedervereinigung, nach dem Golfkrieg und weiteren Entwicklungen, andere Regionen wichtiger waren und dass ein Korrespondent in Berlin nicht mehr nötig sei. Man wolle einen jungen »Stringer« einsetzen, einen freien Korrespondenten, dem man kaum etwas bezahlen musste. Das sollte genügen. Leider, so fuhr der Geschäftsführer fort, gebe es keine andere Stelle, auf die man mich setzen könne. Sie würden mir die Abfindung zahlen, die in meinem Vertrag stand. Dies war der Moment, an dem ich meine Freiheit erlangte.

Es ist eigentlich gar nicht meine Art, so zielstrebig zu sein. Es war das einzige Mal, dass ich so kühl kalkuliert habe – und die Rechnung ging auf. Einerseits war ich sehr zufrieden, dass es funktioniert hatte, andererseits war es auch ein Schock. Zum ersten Mal seit dreißig Jahren hatte ich keine Arbeit. Ich konnte nicht mehr tun, was ich immer am liebsten getan hatte: Recherche betreiben, Texte verfassen. Ich hatte keine Identität mehr, kein Namensschild, an dem mich die Leute erkennen konnten. Und keinen Lebenszweck außer dem des Überlebens. Ich war noch keine sechzig! Die nächsten Wochen verbrachte ich damit, eine Stelle zu suchen, indem ich meine Kontakte bei anderen Zeitungen reaktivierte. Doch nun war ich erst recht schockiert: Überall wurden Journalisten gefeuert, niemand stellte ein. Natürlich war mir klar, dass es furchtbar ist, wenn man seinen Job verliert, aber erst wenn man es selbst erlebt hat, weiß man, wie schlimm es wirklich ist.

Ich zog nach Italien. Fünf elende Monate lang arbeitete ich für die UNO in Rom, bis ich schließlich das Haus in Umbrien kaufte, mir ein Arbeitszimmer einrichtete und ernsthaft damit begann, Bücher zu schreiben.

Bei genauer Betrachtung glaube ich nicht, dass man mir wegen meines Alters gekündigt hat. Bis zur Pensionierung hatte ich noch einige gute Jahre vor mir. Was gegen mich sprach, waren mein Dienstalter und meine Erfahrung, die natürlich entsprechend bezahlt wurden. In der Zeitungskrise wäre es wohl besser gewesen, ganz am Anfang zu stehen: jung und zu allem bereit. Ich hatte bis dahin nicht einen Gedanken auf die Zeit nach der Pensionierung verschwendet, ich war nicht vorbereitet. Wenn ich jetzt auf die schwierige Übergangsphase zurückblicke, denke ich, dass sie durchaus einen Zweck hatte. Sie hat mich aufgerüttelt, sie hat mit einigen alten Vorstellungen ausgeräumt – dass eine »Stelle« nicht alles ist, dass man nicht immer »versorgt« sein muss. Nur wer frei ist, kann ein neues, vielleicht produktiveres Leben beginnen. Ich bin jetzt vierundsiebzig und kann mir nicht vorstellen, mich zur Ruhe zu setzen, auch wenn ich mir darüber im Klaren bin, dass ich möglicherweise irgendwann nicht mehr in der Lage sein werde zu arbeiten. Doch ich hoffe natürlich, dass es noch lange nicht so weit ist.

Der beste Beweis dafür, dass die Fähigkeit, einen Beruf auszuüben, nur bedingt mit dem chronologischen Alter zu tun hat, ist wahrscheinlich Rita Levi-Montalcini, eine italienische Neurologin, die 1909 in Turin geboren wurde.

Sie legte einen langen Weg zurück und musste große Widerstände überwinden. Ganz am Anfang stand ihr Vater, ein Elektroingenieur und Mathematiker, ein altmodischer Mann, der seine drei Töchter liebte, aber extrem autoritär war. Wie damals üblich, galt sein Wort in der Familie als Gesetz. Er schickte die Töchter auf eine Schule, in der man ihnen beinahe nichts beibrachte. Frauen waren dazu da, ihren Ehemännern beizustehen, den Haushalt zu führen und die Kinder zu erziehen. Bildung, eine berufliche Laufbahn gar, störten da nur. Doch die kleine Rita hatte andere Vorstellungen. Bereits mit drei beschloss sie, niemals zu heiraten. Mit zwanzig gelang es ihr, den Vater davon zu überzeugen, dass sie zur Ehefrau und Mutter nicht geeignet sei. Er gab ihr die Erlaubnis zu studieren. Acht Monate benötigte sie, um in Latein, Griechisch und Mathematik so weit aufzuholen, dass sie das Abitur machen konnte. Da sie kurz zuvor miterlebt hatte, wie ein enger Familienfreund schmerzhaft an Krebs gestorben war, schrieb sie sich für Medizin ein, später spezialisierte sie sich auf die Neurologie.

Dann kamen die Faschisten, später die Nazis. Als Mussolini 1938 die Rassengesetze einführte, musste die Jüdin die Turiner Universität verlassen und floh mit ihrem Professor und Mentor, dem berühmten Histologen Giuseppe Levi, nach Belgien. Kurz bevor die Deutschen dort einfielen, floh sie noch einmal – zurück nach Turin. Als die Stadt bombardiert wurde, fand sie auf dem Land, im Piemont, Unterschlupf. Schließlich wechselte Italien die Seite, und die Deutschen marschierten ein. Rita lebte in ständiger Angst und versteckte sich mit ihrer Familie in Florenz.

Während dieser ganzen Zeit arbeitete sie. Im Schlafzimmer richtete sie ein Behelfslabor ein, wo sie jene Experimente an Hühnerembryos fortsetzte, die später zur Entdeckung des Nervenwachstumsfaktors (Nerve Growth Factor – NGF), ihrem wichtigsten wissenschaftlichen Erfolg, führten. Nach der Befreiung durch die Alliierten arbeitete sie als Ärztin in einem Auffanglager bei Florenz. Die Flüchtlinge aus dem Norden, wo der Krieg noch wütete, litten an Typhus, Cholera und anderen Krankheiten. Viele starben.

1947 erhielt sie eine Einladung der Washington University in St. Louis für ein Forschungsjahr. Dreißig Jahre später war sie immer noch dort. Mit ihrem Studenten Stanley Cohen wies sie 1952 das NGF nach, ein Protein, das dem spezialisierten Wachstum von Nervenzellen zugrunde liegt. Wer heute die Geschichte ihrer Forschungsarbeit liest, kommt aus dem Staunen nicht heraus, doch die Fachwelt brauchte lange, bis sie ihren wissenschaftlichen Durchbruch zu würdigen wusste. Ihre Kollegen ließen sich nicht überzeugen, selbst enge Freunde sperrten sich. Erst 1986, vierunddreißig Jahre nach der Entdeckung, erhielt sie die größte Anerkennung für ihre Arbeit, den Nobelpreis für Medizin.

Trotz ihrer Hingabe an die Arbeit sehnte sie sich nach Italien und nach ihrer Familie. 1961, im Alter von zweiundfünfzig, berief sie der Nationale Forschungsrat Italiens zur Direktorin eines seiner angesehensten Institute. Die Arbeit in den USA setzte sie fort, und so führte sie ein Pendlerleben, das sie enorme Kraft gekostet haben muss.

1977 wurde sie offiziell von der amerikanischen Universität pensioniert, zwei Jahre später, mit siebzig, auch von dem italienischen Institut. Doch Rita wäre nicht Rita gewesen, wenn sie nun aufgehört hätte zu arbeiten. Sie blieb ihrem Institut als Gastprofessorin verbunden und verfasste zahlreiche Bücher und Artikel. 1992 gründete sie gemeinsam mit ihrer inzwischen verstorbenen Zwillingsschwester Paola, die sich einen Namen als Künstlerin gemacht hatte, eine Stiftung, die Frauen in den ärmsten, rückständigsten Ländern Afrikas einen Zugang zur Bildung verschafft. Zu den über hundert Projekten, die bisher unterstützt wurden, gehören ein Alphabetisierungsprojekt für Frauen in Äthiopien und Burkina Faso, berufsbildende Maßnahmen und die Ausbildung von Krankenschwestern bis hin zu Universitäts- und Forschungsstipendien. Außerdem gründete sie in der Nähe von Rom das Europäische Institut für Hirnforschung, wo neurodegenerative Krankheiten wie Alzheimer und Parkinson erforscht werden.

2001, als Rita zweiundneunzig Jahre alt war, wurde ihr die größte Ehrung zuteil, die der italienische Staat zu vergeben hat: Man ernannte sie zur lebenslangen Senatorin, und sie erhielt einen Sitz im Parlament. Doch statt sich zurückzulehnen und die Anerkennung zu genießen, stürzte sie sich in die Politik. Sie arbeitete in den Ausschüssen für Gesundheit, Bildung und Menschenrechte. 2006 löste sie im Senat mit ihrer Stimme ein Patt, rettete die Linksregierung von Romano Prodi und zog den Zorn der Ultra-Rechten auf sich. Ihr Abstimmungsverhalten löste einen Sturm von Kommentaren aus, die sie als Jüdin verunglimpften und als alte Frau beleidigten. Der Führer einer rechten Splitterpartei, Francesco Storace, verkündete, der Senatorin Levi-Montalcini ein Paar Krücken schicken zu wollen, »wir wissen ja, wo sie wohnt«. Es wirkte wie eine Drohung. Neben dem offensichtlichen Verweis auf ihr Alter sollten die Krücken ein Bild dafür sein, dass die Regierung allein auf ihre Stimme gestützt war.

Rita ließ sich nicht einschüchtern: »Ich brauche keine Krücken«, sagte sie, »ich bin in vollem Besitz meiner körperlichen und geistigen Kräfte und werde weiterhin von meinem Recht Gebrauch machen, im Parlament abzustimmen.« Sie ging zum Gegenangriff über: »Ich habe nichts als Verachtung übrig für diese Schwachsinnigen. Ihr Verhalten lässt sich unmittelbar aus den totalitären Systemen der Vergangenheit ableiten.« Führende Politiker, darunter der italienische Präsident Giorgio Napolitano, unterstützten sie und protestierten gegen die Attacken der Rechten. Der Chor ihrer Stimmen unterstrich, wie beliebt diese würdevolle, weißhaarige Dame im Land geworden war. Was allerdings die rechtsgerichtete Liga Nord nicht davon abhielt, ein Gesetz auf den Weg zu bringen, das die öffentlichen Gelder für ihr Forschungsinstitut streichen sollte. Der Entwurf wurde vom Unterhaus mit großer Mehrheit abgelehnt.

Sehr wenigen Menschen ist es vergönnt, ein so langes und einflussreiches Leben zu führen wie Rita Levi-Montalcini, trotzdem können wir aus ihrer Geschichte einiges lernen. Hätte sie mit fünfundsechzig einfach aufgehört zu arbeiten, hätte sie keine weiteren Entdeckungen zum Nervenwachstumsfaktor gemacht. Wir wüssten nichts über seinen Einfluss auf das menschliche Immunsystem, das Hirnforschungszentrum gäbe es nicht, die italienische Politik wäre einen anderen Weg gegangen, zehntausend afrikanische Mädchen und Frauen hätten ihre Stipendien für Schulen und Universitäten nicht erhalten.

Kurz nachdem ich sie für dieses Buch um ein Interview gebeten hatte, stürzte sie und brach sich ein Bein. Die damals Hundertzweijährige musste kürzertreten. Sie führt jetzt ein ruhigeres Leben und gibt keine Interviews mehr. »Wir haben immer wieder vergessen, wie alt sie eigentlich ist, weil sie so aktiv war«, erklärte mir ein Mitarbeiter des Instituts, »jetzt sind wir tatsächlich überrascht, dass sie so alt ist.« Ich hätte sie sehr gern gefragt, was sie vom Ruhestand hält und von den Möglichkeiten der Frauen, sich im Alter zu engagieren. Zu ihrem hundertsten Geburtstag schien sie in der London Times zu bestätigen, was viele Wissenschaftler längst geahnt hatten: dass das Gehirn im Alter immer besser wird. »Ich sehe und höre nicht mehr so gut, aber meinem Gehirn geht es gut. Ich glaube, dass meine geistigen Fähigkeiten heute, aufgrund der vielen Erfahrungen, die ich in meinem Leben gemacht habe, weiter entwickelt sind als früher.« Mit hundert Jahren sagte sie: »Noch heute arbeiten wir daran, den Nervenwachstumsfaktor besser zu verstehen, den ich vor über einem halben Jahrhundert entdeckt habe.«

Rita lebt einfach, beinahe spartanisch, und die Frage drängt sich auf, ob das in einem Zusammenhang mit ihrer Langlebigkeit steht. Sie steht um fünf Uhr auf, isst nur eine Mahlzeit am Tag – zu Mittag – geht um elf Uhr schlafen. »Manchmal genehmige ich mir abends eine Suppe oder eine Orange, das ist aber auch schon alles«, sagt sie. »Ich interessiere mich nicht so sehr für Essen oder für Schlaf.«

Aber da ist ja noch die Arbeit. Noch mit hundert ging sie jeden Morgen ins Labor, die Nachmittage verbrachte sie in der Stiftung. »Falls es ein Rezept gibt«, erklärt sie, »dann wohl dieses: Man darf nie aufhören zu denken. Und man muss aufhören, über sich selbst nachzudenken.«

7 UND WAS BIN ICH, WENN ICH NUR FÜR MICH SELBST BIN?

Natürlich kann man in Italien leben, ohne sich in die örtlichen Angelegenheiten einzumischen, viele Ausländer machen es so. Doch es gibt ebenso viele, die nach einiger Zeit beginnen, sich für die Vorgänge im Ort zu interessieren. Erst zögerte ich, als ich, zwei Jahre nachdem ich mein Haus gekauft hatte, feststellte, dass in dem wunderschönen Tal unterhalb unseres uralten, historischen Orts hässliche Fabriken und Lagerhäuser entstanden, nur um dann zum Teil leerzustehen. Ich lud Freunde und Bekannte zu mir ein, die ähnlich dachten wie ich, um das Problem zu diskutieren. Wir redeten und klagten über die Situation, doch wir schienen nicht in der Lage zu sein, etwas zu unternehmen. Die kleine Initiative schlief ein. Doch als ein Anwalt aus dem Ort zwei Jahre später gegen ein riesiges »Touristendorf« vorgehen wollte, das im Tal geplant war, kam erneut Bewegung in die Sache. An einer lauten, schmutzigen Durchgangsstraße unterhalb des Orts sollten etwa hundert kleine Doppelhäuser entstehen, gegenüber befanden sich zwei Chemiefabriken und die Reste eines großen Industriegeländes. Das Ganze war natürlich eine abgekartete Sache. Wenn die Häuser erst einmal fertig wären, würde der Bauherr – zu seiner großen Überraschung – feststellen, dass keine Firma bereit ist, eine solche Anlage zu betreiben. Und dass auch keine Touristen kommen würden. Unser Stadtrat, der von vornherein eingeweiht war, wäre in dem Fall »gezwungen«, die Erlaubnis zu erteilen, das Touristendorf in eine normale Wohnanlage umzuwandeln. Mit anderen Worten: Es war von vornherein klar, dass hier nur Gesetze umgangen werden sollten, die die Erschließung großer Wohngebiete regelten.

Der Anwalt berief eine Versammlung interessierter, besorgter Bürger ein, Einheimische und Ausländer. Wir gründeten eine Umweltorganisation und begannen, gegen die Verschandelung unserer Landschaft zu protestieren. Ich wurde zur Vizepräsidentin, später zur Präsidentin der Vereinigung gewählt. Wir organisierten eine Tagung, an der bekannte Umweltschützer und akademische Koryphäen teilnahmen, wir protestierten, wir hielten Versammlungen ab, platzierten Artikel in der Lokalpresse. Trotzdem fühlten wir uns wie David, der gegen Goliath antritt.

In Umbrien, wie an so vielen Orten, sind Politik und Wirtschaft in einer Weise miteinander verfilzt, die uns chancenlos macht. Dachten wir zumindest. Doch wir waren hundert Mitglieder und hatten zahlreiche Unterstützer, genug Wählerstimmen also, um in einem Städtchen mit achttausend Einwohnern etwas zu bewegen. So gelang es uns, den Beginn der Bauarbeiten immer wieder hinauszuschieben, bis die Wirtschaftskrise kam und die Touristendörfer und andere Bauvorhaben als Investitionsmöglichkeit nicht gerade verlockend waren. Zu unserer großen Genugtuung zog der Bauherr seinen Antrag zurück. Nun plant er an derselben Stelle ein »Zentrum für alternative Energie«, offenbar ein Sonnenkraftwerk. Er hat versprochen, dass größtmögliche Sorgfalt darauf verwandt wird, die außergewöhnliche landschaftliche Umgebung nicht zu beeinträchtigen. Außerdem ernannte die Demokratische (ehemals Kommunistische) Partei (PD), die praktisch seit dem Krieg in unserem Ort das Sagen hat, einen für seinen umweltschützerischen Sachverstand sehr respektierten Mann zum Bürgermeisterkandidaten.

Mehrere Mitglieder unserer Vereinigung begannen nun, sich direkt in der Politik zu engagieren. Sie gründeten den Ortsverband einer jungen, linken und umweltorientierten Partei und ließen sich zur Wahl aufstellen. Sie erhielten knapp 7 Prozent der Stimmen, das beste Ergebnis in ganz Umbrien und das zweitbeste in Italien. Nicht schlecht für einen Ortsverein, der erst ein paar Wochen alt war. Leider reichte es nicht ganz für einen Sitz im Stadtrat. Doch dann wurden die Ergebnisse plötzlich für ungültig erklärt. Dank des Aufstiegs der umweltorientierten Partei war die Mehrheit der PD auf nur vierzehn Stimmen reduziert worden. Zudem hatte man herausgefunden, dass die PD kurz vor der Wahl fünfunddreißig rumänischstämmige Arbeiter, die als Mitglieder der Europäischen Union das Recht hatten, an Lokalwahlen teilzunehmen, überredet hatte, ihre Stimmen abzugeben. Das Consiglio di Stato, das oberste Verwaltungsgericht, ordnete Neuwahlen an, und zurzeit bereiten die Parteien ihre neuen Wahlkampagnen vor.

Mein politisches Engagement war zwar keine zweite Karriere, doch es war eine Erfahrung, die ich nicht missen möchte. Ich sah, wie Filz funktioniert, wie eine Hand die andere wäscht, wie kompliziert die italienische Politik ist, auf der lokalen Ebene wie auf der nationalen. Das weiß man theoretisch zwar alles, aber in der Praxis bekommt man es nur selten tatsächlich mit. Es war bewegend zu sehen, wie viele Menschen Veränderung wollen und wie sehr sie sich für die Umwelt engagieren. Ich habe gelernt, dass man die Ereignisse durchaus beeinflussen kann, wenn man nur hartnäckig genug ist.

Bei einer zweiten Karriere, oder wie man es sonst auch nennen mag, muss es nicht unbedingt um Geld gehen. Viele Frauen, besonders ältere, sind froh, sich engagieren zu können: Sie helfen anderen, geben der Gesellschaft, die sie gefördert hat, etwas zurück, engagieren sich an ihren Wohnorten. Oft entstehen aus diesen Aktivitäten neue Kontakte. Die bereits erwähnte amerikanische Organisation Encore Careers macht gerade auf solche Möglichkeiten aufmerksam – in der Bildung, im sozialen Bereich, in der Pflege oder bei gemeinnütziger Arbeit. Manchmal kann man etwas verdienen, manchmal nicht. Wer als Freiwillige arbeiten möchte, muss oftmals kaum eine Qualifizierung nachweisen. Was gefragt ist, sind Enthusiasmus und Hingabe. Dies ist alles nicht neu, Frauen haben sich immer schon stark engagiert. Einige konnten sich beispielsweise nach dem Fall der Mauer in der ehemaligen DDR besonders nützlich machen und haben ihrem Leben dadurch eine neue Wendung gegeben.

Nach der Wiedervereinigung sah es anfangs gar nicht gut aus. Viele der Frauen ab fünfzig hatten guten Grund zu glauben, dass sie im Leben nichts mehr erreichen würden. Die Bürokratie der DDR war abgebaut, neue Unternehmen wurden nach westlichem Modell gegründet. Viele hoch qualifizierte, spezialisierte Frauen mit langer Berufserfahrung verloren ihre Stellen. Die Konsequenzen einer Kündigung waren in den neuen Bundesländern viel schlimmer als im Westen. Wer zu DDR-Zeiten aus einem Betrieb oder einer Organisation ausgeschlossen wurde, verlor den Zugang zu sozialen Kontakten und die Unterstützung von Kollegen und Freunden. Freizeitgestaltung und politische Repräsentation hingen genauso vom Betrieb ab wie die soziale Versorgung. Diese alten Strukturen wirkten noch lange nach. Man hatte sich an die garantierte Arbeitsstelle gewöhnt und an alles, was dazugehörte. Nun war man plötzlich von heute auf morgen aus dieser Gemeinschaft ausgeschlossen.

Anneliese Hebecker war eine solche Frau. Am Morgen des 10. November 1989 ging sie wie gewohnt zu ihrer Arbeit. Auf dem Weg begegneten ihr einige Jugendliche, sie rannten eine Treppe hinauf und redeten laut und aufgeregt miteinander. Sie war am Abend nicht zu Hause gewesen und hatte keine Ahnung, was in der Nacht vorgefallen war. Im Büro redeten die Kollegen wild durcheinander, es dauerte eine Weile, bis sie verstand, worum es ging. Die Mauer war gefallen. Die Welt hatte sich unumkehrbar verändert.

Als überzeugtes Mitglied der SED machten sie diese Entwicklungen nicht gerade glücklich. Erst nach drei Monaten konnte sie sich zu einem Besuch in West-Berlin aufraffen – es war nicht ihre Welt, fand sie. Als dann mit großen Schritten die Wiedervereinigung betrieben wurde, zeichnete sich bereits ab, dass in allen Bereichen des öffentlichen Lebens die Menschen »abgewickelt« wurden, also ihre Arbeit verloren – auch sie.

Noch ehe es so weit war, erhielt Anneliese Hebecker die Möglichkeit, in den Vorruhestand zu gehen. Die Vorruhestandsregelung wurde eingeführt als eine Rente für ältere Arbeiter und Angestellte, die das offizielle Rentenalter noch nicht erreicht hatten. Zunächst war dieser Schritt in den Vorruhestand natürlich mit dem Problem behaftet, dass man auf einen so zeitigen Rentenbeginn nicht vorbereitet war. »Im Nachhinein«, sagte Anneliese, »konnte mir gar nichts Besseres passieren.« Nur eine Bedingung gab es: Sie durfte nicht weiter nach Arbeit suchen.

Das Programm, das so vielen Menschen in der Übergangszeit geholfen hat, erstickte jegliche Bemühungen um eine zweite Karriere, eine produktive Anstrengung irgendwelcher Art, selbst wenn sich Möglichkeiten geboten hätten. Was sollte Anneliese Hebecker nun tun? Über ihren Ruhestand hatte sie nicht nachgedacht, er war ihr immer so weit weg erschienen. Zuerst besuchte sie ihren Sohn, der in Vietnam arbeitete. Dann machte sie sich daran, ihre Wohnung in Ordnung zu bringen und alles zu sortieren. Und dann? »Dann diese Leere. Ich fühlte mich krank.« Sie konnte nicht schlafen, ging zum Arzt, der ihr Tabletten gegen Depressionen verordnete. Aber sie sagte sich: »So etwas nimmst du nicht. Du bist doch nicht depressiv.« Sie wohnte eine Zeitlang bei einer ihrer Töchter und kümmerte sich um die Kinder. Doch sie empfand es lediglich als eine Art Beschäftigungstherapie. »Die Kinder haben mich gebraucht, aber es war nicht das, was ich brauchte.«

Eine junge Frau aus der Nachbarschaft erzählte ihr schließlich, dass ihre Mutter in einer Art Club sei für Menschen, die genau in ihrer Lage wären. So stieß sie zum Verband Jahresringe e.V., Gruppe Marzahn-Hellersdorf.

Jahresringe war ein Verband, der 1991 beinahe aus dem Nichts entstanden war. Eine Anzeige in der BZ am Abend (»Vorruheständler: Probleme – Konflikte – Kommunikation«) hatte alle, die an einer Selbsthilfegruppe interessiert seien, eingeladen, sich mit Werner

Ruppelt in Verbindung zu setzen. Werner Ruppelt war Dozent. An verschiedenen Universtäten, Fachhochschulen und Betrieben bot er Managementkurse über Mitarbeiterführung an. Doch seit der Wende kamen immer weniger Menschen, besonders in den Betrieben. Ihm fiel auf, dass gerade die älteren wegblieben. Außerdem hatte er bemerkt, dass viele, die seit der Wiedervereinigung arbeitslos waren, unter psychosomatischen Krankheiten litten, dass sie deprimiert und isoliert waren.

Der Verband Jahresringe wurde gegründet mit dem Motto: Wer anderen hilft, hilft sich selbst. Mitglieder des Verbandes lasen blinden Menschen Bücher vor, sie halfen in Pflegeheimen aus, reparierten Spielzeug im Kindergarten, schrieben ihre Memoiren, um nur wenige Beispiele zu nennen. Das Wichtigste war es wohl, den Menschen das Gefühl zu geben, dass sie gebraucht wurden.

Anneliese Hebecker fand in der Gruppe Marzahn-Hellersdorf Menschen mit gleichem Schicksal, mit gleichen Empfindungen und dem Willen, etwas für die Gemeinschaft zu tun. Der von der Gruppe organisierte »Plaudertreff« für einsame ältere Leute aus dem Wohngebiet war ein solches Betätigungsfeld. Acht Mitglieder der Gruppe sorgten für selbstgebackenen Kuchen, Kaffee, Eis und Wein, es wurde geplaudert, es gab Buchlesungen, Reiseberichte und andere Veranstaltungen. Hier engagierte sich Anneliese zunächst mit Beiträgen wie Reiseberichten und unterbreitete

Vorschläge für die Gestaltung des Plaudertreffs. Zwei Jahre später wurde sie Gruppenvorsitzende der vierzig Mitglieder zählenden Gruppe Marzahn-Hellersdorf, eine Aufgabe, die sie noch heute erfüllt.

Durch die Einführung von Arbeitsbeschaffungsmaßnahmen und Ähnlichem wurden die Möglichkeiten, sich sozial zu engagieren, im Laufe der Jahre immer weiter eingeschränkt. Dieser Entwicklung fiel auch der Plaudertreff zum Opfer. In der Gruppe gestalten sie nun ihre Freizeit. Annelieses Gruppe ist besonders anspruchsvoll – »wir sind kein Strick- und Häkelclub«, sagt sie. Sie organisiert gemeinsam mit der Gruppenleitung und den aktiven Mitgliedern der Gruppe Theater- und Konzertbesuche, Betriebsbesichtigungen, Vorträge, Ausflüge, Wanderungen und mehr.

Werner Ruppelt findet es schade, dass das ursprüngliche Engagement von einst verschwunden ist. »Das soziale Interesse ist sehr zurückgegangen. Man kümmert sich nur um sich selbst, nicht um die anderen.« Doch Anneliese Hebecker glaubt, dass der Verband weiterhin eine wichtige Aufgabe erfüllen wird, auch wenn viele soziale Dienste nun von anderen übernommen worden sind. »Wir sind alle zwanzig Jahre älter geworden«, erklärt sie. Das Durchschnittsalter beträgt nun fünfundsiebzig, einige Mitglieder sind über achtzig. »Es ist so wichtig, das Zusammengehörigkeitsgefühl zu erhalten, für alle da zu sein, Nähe zu vermitteln und einer Gemeinschaft anzugehören,

Dinge gemeinsam zu unternehmen, gemeinsame Erlebnisse zu haben. Wenn ein Mitglied krank ist oder Probleme hat, versuchen die anderen zu helfen. Ihr Engagement in den Jahresringen hat sie gerettet, sagt sie heute. »Es hat mich gerettet, eine Gemeinschaft zu haben, aktiv zu sein und gebraucht zu werden.« Auch wenn die Aufgabe sie manchmal erschöpft, so macht sie ihr doch immer noch Spaß.

Anneliese ist inzwischen sechsundsiebzig. Eine Nachfolgerin hat sich noch nicht gefunden. Wenn jemand Jüngeres übernehmen oder wenigstens aushelfen könnte, würde sie gern etwas kürzertreten. Ganz aufzuhören kommt für sie aber nicht in Frage. »Ich kann es mir nicht vorstellen, gar nichts mehr zu tun zu haben.«

Die Geschichte ist voller Menschen, die sich gegen Ende ihres Lebens ganz den geistigen Dingen zugewandt haben. Die einen entsagten ihren weltlichen Gütern, um, nur mit einem groben Gewand bekleidet, in einer Höhle zu leben. Andere gründeten Klöster, trugen Büßerhemden oder geißelten sich ohne Unterlass. Auch heutzutage erwacht bei manchem im fortgeschrittenen Alter die Spiritualität, nur sieht es meist nicht so dramatisch aus. Wahrscheinlich liegt der Grund weniger in der Angst vor dem Höllenfeuer als in der Einsicht, dass das Leben nicht nur aus Arbeit besteht, aus Erfolg, Geld und Eigentum. Einige verspüren schließlich die Berufung, Gott zu dienen.

Nichts hat mich in den letzten Jahren mehr gerührt, als zu sehen, wie Maggie Guillebaud mit ihrem kurzen leuchtend blonden Haar in der prachtvollen Kathedrale von Salisbury die Hostie in die Höhe hob und sagte: »Dies ist mein Leib, den ich für euch hingegeben habe.« Nach zweitausend langen Jahren durften endlich auch Frauen das Priesteramt ausüben, sie wurden ein Teil der Apostolischen Sukzession, die von Christus selbst über Petrus bis zu jedem einzelnen Priester führt, indem sie einander die Hände auflegen. Zwar hat es in anderen Kirchen schon lange Pastorinnen und auch Priesterinnen gegeben, doch in der Anglikanischen Kirche kam es erst nach langen, emotionalen Debatten zu dieser Neuerung. Sechzehn Jahre ist es her, seit die erste Priesterin geweiht wurde, inzwischen sind Frauen im Priesteramt durchaus akzeptiert. Nur eine kleine, konservative Minderheit ist noch immer dagegen und scheint dem Sirenengesang von Papst Benedikt zu erliegen, der ihnen in der katholischen Kirche eine Heimat geben möchte. Maggie hat erzählt, dass eine britische Fernsehserie um eine anglikanische Priesterin, die äußerst erfolgreiche Komödie »The Vicar of Dibley«, viel zur Akzeptanz beigetragen hat.

Als ich Maggie damals in der Kathedrale sah, war sie zweiundsechzig, sie war erst kurz zuvor geweiht worden. Maggie ist Halbdänin, sie wuchs in England auf und hatte bereits eine lange, erfolgreiche Karriere hinter sich. Viele Jahre hatte sie dem Arts Council angehört, einem Gremium, das öffentliche Gelder für kulturelle Aktivitäten aller Art vergibt. Sie gehörte mehreren anderen kulturellen Gremien an, war Präsidentin eines Nationalen Gesundheitsrates und diente als Amtsrichterin, während sie gleichzeitig mit ihrem Mann zwei Kinder aufzog. Selbst als sich abzeichnete, dass das Priesteramt eines Tages für Frauen offenstehen würde, kam es ihr nicht in den Sinn, dass sie später einmal selbst die Messe lesen würde. »In der Schulzeit hatte ich eine frömmlerische Phase«, erzählte sie mir, »ansonsten hat Religion in meinem Leben eine untergeordnete Rolle gespielt. Wir sind nicht unbedingt jeden Sonntag in die Kirche gegangen. Vielleicht könnte man sagen, die Religion spielte sich im Hintergrund ab. Ich habe mich durchaus als Christin verstanden, aber dass ich eines Tages Priesterin werden würde, war überhaupt nicht denkbar.«

Immerhin war da etwas, ein Pflänzchen, das spät in ihrem Leben zur Blüte kommen sollte. Mit zweiundfünfzig Jahren begann sie, in der örtlichen Sonntagsschule Bibelunterricht zu geben und den Kindern die Grundzüge christlichen Denkens nahezubringen. Sie lebte damals mit ihrem Mann Hugh an einem wunderschönen Platz in dem eleganten Städtchen Cheltenham, zu dessen Gemeinde auch ein sehr armes und gefährliches Viertel gehört. Die Gemeinde war damals kurz vor dem Ende, »man konnte zusehen, wie sie kaputtging, es kamen immer weniger Leute, die Mitglieder wurden immer älter. Und doch spielte sie eine wichtige Rolle in der Stadt. Gerade die jungen Menschen wären leicht auf die schiefe Bahn geraten, wenn die Kirche ihre Aktivitäten gestrichen hätte.

»Die Menschen, die in der Gemeinde arbeiteten, waren großartig, voller Einsatzbereitschaft«, erzählte Maggie. Sie begann, sich immer mehr zu engagieren, bis sie irgendwann das Gefühl hatte, »dass Gott noch mehr von mir will.« Es war keine plötzliche Bekehrung, sondern »irgendwann dämmerte mir, dass sich in meinem Inneren etwas rührte, ich wusste nur nicht, was.«

Anfangs erzählte sie ihrem Mann nichts davon. Stattdessen sprach sie mit dem Priester: »Vielleicht werde ich gerade verrückt, aber ich habe das Gefühl, dass ich berufen werde.« Der Priester war sehr einfühlsam und verständig, er riet ihr zu Exerzitien. Maggie lebte eine Woche in einem Kloster anglikanischer Franziskanerinnen, betete und meditierte in der Stille und sprach mit einer älteren, sehr weisen Schwester, die ihr half »zu verstehen, was an diesem Gefühl dran war. Es dauerte eine ganze Weile, bis ich Klarheit fand«.

Nun wollte sie auch ihren Mann einweihen. Eines Abends passten sie auf das Baby einer Verwandten auf, die jungen Eltern gingen zum ersten Mal wieder ins Kino. Maggie bereitete ein schönes Abendessen zu, und als sie fertig waren, verkündete sie, dass sie ihm etwas sagen müsse. Hugh hatte zuerst die Befürchtung, dass etwas Schlimmes passiert sei. »Ich glaube, ich habe eine Berufung zum Priesteramt erhalten. Doch wenn du das nicht akzeptieren kannst, bin ich auch bereit, noch einmal darüber nachzudenken«, sagte sie.

Doch Hugh antwortete nur: »Ich finde das wunderbar, ich werde dich voll und ganz unterstützen.«

»Stell dir mal vor, wie erleichtert ich war«, erzählte Maggie mir. »Was wäre gewesen, wenn er nein gesagt hätte?«

Die anglikanische Kirche erlaubt längst nicht jedem, Priester zu werden. Die Kandidaten werden über einen langen Zeitraum geprüft, sie werden verschiedenen Würdenträgern vorgeführt, sie bekommen einen Termin beim Bischof. Maggie und ihr Mann wurden gründlich befragt, ihre Freunde und selbst die früheren Ehepartner wurden kontaktiert, beide waren bereits einmal verheiratet gewesen. Die Kirchenleitung wollte zum Beispiel sicherstellen, dass Maggie nicht die Schuld am Scheitern von Hughs Ehe trug – und umgekehrt. Danach musste sie eine ganze Reihe sehr anstrengender Tests bestehen. Nach der ersten Runde hieß es, sie sei »noch nicht bereit«. Zufällig fand dieser erste Test am 11. September 2001 statt, an dem Tag, als die Twin Towers in New York angegriffen wurden. Alle waren natürlich entsetzt und völlig durcheinander. Da sie in ihrer kleinen Gemeinde nicht genug Erfahrungen hatte sammeln können, ordnete man sie einer anderen zu, wo sie sich an den verschiedensten Stellen engagieren konnte. Sechs Monate später, in der zweiten Runde, bestand sie mühelos. Nun erhielt sie die Zulassung zu einem zweijährigen Intensivstudium am Theologischen Seminar in Oxford. Hugh kümmerte sich zu Hause um die Katze, und jeden Dienstag fuhr er zu seiner Frau und führte sie zum Essen aus. »Es war wirklich schwer. Es war unglaublich schwierig, die ganzen Informationen für die Prüfung im Kopf zu behalten – schließlich hatte ich mit Anfang zwanzig zum letzten Mal auf diese Weise gelernt.« Doch auch die Prüfungen bestand sie mit Bestnoten.

Nun wartete sie darauf, irgendwo eingesetzt zu werden. »Ich hatte keine Ahnung, wo ich landen würde, ich wusste nur, dass es ein Ort war, den Gott für mich gewählt hatte.« Normalerweise wäre das eine Gemeinde gewesen. Doch eines Tages rief der Bischof von Salisbury sie zu sich und bat sie, ihr vierjähriges Vikariat an der Kathedrale zu absolvieren, was sehr ungewöhnlich war, denn Vikare waren fast immer Gemeinden zugeordnet. Auch wenn sie es sich nicht eingestehen wollte, war es doch eine große Auszeichnung für sie und eine Anerkennung ihres Talents. Natürlich nahm sie an, auch wenn sie sich anfangs eher überfordert fühlte. »Ich kam mir fehl am Platz vor zwischen all diesen klugen Leuten.« Vor allem vor den Gottesdiensten hatte sie großen Respekt. »Normalerweise macht man seine Anfängerfehler in einer kleinen Gemeinde, da ist es nicht so schlimm. Aber hier ist alles viel größer, es ist eine riesige Bühne.

Wenn man einen Fehler macht, bekommen es alle mit, einschließlich der anderen acht Priester, die mit dir um den Altar stehen.« Einige Male wäre sie am liebsten im Erdboden versunken, doch bald gewöhnte sie sich an die neue Situation und gewann an Selbstvertrauen. »Nach dreieinhalb Jahren kam mir dann der Gedanke, dass Gott sich nicht um meine Fehler schert.«

Anfangs waren Priesterinnen in der anglikanischen Kirche einigen Feindseligkeiten ausgesetzt. Es gab männliche Kollegen, die sich weigerten, mit ihnen die Kommunion zu feiern. Maggie musste solche Erfahrungen zum Glück nicht machen. Ich glaube, dass ihre offene, freundliche Art, gepaart mit ihrer Entschiedenheit, selbst die größten Übeltäter abgeschreckt hätte. Maggie sagt dazu nur: »Ich habe großes Glück gehabt. Einige meiner Kolleginnen mussten sich gemeine Kommentare anhören. Inzwischen sind Frauen so in das Leben der Kirche integriert, dass es einfach kein Problem mehr ist.«

Für die Mehrheit der Anglikaner ist es sicher kein Problem, aber der Widerstand einiger erzkonservativer Gruppen ist noch längst nicht überwunden. Mit Blick auf spätberufene Frauen wie Maggie erklärte der Wortführer einer dieser Gruppen, das Priesteramt sei auf dem besten Weg, »ein Hobby für Omas im Ruhestand« zu werden. »Eine maßlose Unverschämtheit!«, sagt Maggie. »Und außerdem falsch. Viele Frauen konnten der Berufung, die sie seit langem gehört haben, einfach nicht folgen. Sie haben ihre Kinder großgezogen und sich um die Ehemänner gekümmert. Es gibt eine Menge Dinge, die einem dazwischenkommen können, wenn man Ehefrau und Mutter ist.«

Wie viele spätberufene Priester wird auch Maggie nicht für ihren Dienst bezahlt. Nur ihre Ausgaben übernimmt die Kirche. Anders als in der katholischen Kirche herrscht bei den Anglikanern kein Priestermangel. Dafür fehlt es an Geld, all die Priester zu bezahlen. Die »nicht-stipendierten« Priester haben etwas weniger Verpflichtungen als die bezahlten – ihr Mann Hugh mag die berechtigte Frage stellen, ob das immer so stimmt –, und wenn die Kirche in einigen Jahren beginnen wird, weibliche Bischöfe zu ernennen, wird Maggie nicht qualifiziert sein. Schade, denn man kann sich vorstellen, dass sie ihre Sache bestimmt sehr gut machen würde. Maggie ist überzeugt, dass die Kirche sehr von der Weisheit und der Erfahrung älterer Priesterinnen profitiert. »Gerade die älteren Frauen hatten immer schon die Funktion, die gesammelte Weisheit einer Gemeinschaft zu erhalten und weiterzureichen, ich glaube, dass ältere Frauen sich auf diese Rolle besinnen sollten. Weisheit wird in unserer vom Jugendkult geprägten Gesellschaft zu wenig gewürdigt. Es ist ein vergrabener Schatz«, meint Maggie, »den wir vielleicht heben sollten.«

Die kurze Zeit, die ich Maggie bei ihrer Arbeit begleiten durfte, bestätigt dies. Sie ist scharfsinnig und intellektuell, hat sich in Theologie und Kirchengeschichte ein breites Wissen angeeignet, spielt hervorragend Klavier und besitzt eine schöne Singstimme. Vor allem aber hält sie sehr inspirierende Predigten. Sie spricht aus der Perspektive einer reifen Frau, egal, ob es um die Spiritualität im Alter selbst geht oder um die fortgesetzte Weigerung in vielen Teilen der Welt, die Gleichberechtigung, Freiheit und Würde von Frauen anzuerkennen.

Maggie absolvierte ihr Vikariat und blieb als Priesterin an der Kathedrale. Die meisten Tage begannen damit, dass sie noch im Dunklen nach Salisbury fuhr, um den ersten Gottesdienst zu zelebrieren. Oft kam sie erst spätabends nach Hause, der Tag war mit Sitzungen und seelsorgerischer Tätigkeit gefüllt. 2010 wurde sie Kaplanin am Sarum College, einem ökumenischen Studien- und Forschungszentrum unmittelbar neben der Kathedrale. Hier kommt ihr theologisches Wissen zum Einsatz sowie ihre Erfahrung im Bereich der Kulturförderung. Ihre Kontakte sind international, sie arbeitet mit den verschiedensten Kirchen zusammen, auch mit der Evangelischen Kirche Deutschlands. Regelmäßig besucht sie anglikanische Gemeinden in ganz Europa, sie predigt und zelebriert Gottesdienste. Da immer mehr Briten im Ausland arbeiten oder dort ihren Ruhestand verbringen, haben anglikanische Gemeinden auch außerhalb Englands großen Zulauf.

Eine andere Frau, die sich auch nach zahlreichen Erfolgen nicht zur Ruhe setzen wollte, und sich höchste

Anerkennung verdient hat, ist Bärbel Bohley. Bärbel Bohley, die wegen ihrer Rolle während der Ereignisse des Jahres 1989 als »Mutter der Revolution« verehrt wird, hätte sich nach Mauerfall und Wiedervereinigung auf ihren Lorbeeren ausruhen können. Schließlich war sie eine historische Figur. Doch sie hatte andere Pläne. Da sie mit den Entwicklungen in Deutschland nicht einverstanden war, verließ sie 1996 das Land. Sie war sechsundfünfzig Jahre alt und begann ein ganz neues Leben, das ebenso beeindruckend, aber weniger öffentlich war als ihre Aktivitäten in der DDR-Opposition.

Während der Verhandlungen am »Runden Tisch« hatte die ehemalige Pazifistin, die von der DDR verfolgt und eingesperrt und schließlich aus ihrer Heimat vertrieben worden war, gemeinsam mit anderen Bürgerrechtlern eine ganz eigene Vision von einem neuen, freien Ostdeutschland entwickelt, ein Plan, der kaum Eingang in die Politik fand. Sie hatte sich dafür eingesetzt, dass die Stasiarchive erhalten blieben, sie hatte gegen alte Kader gekämpft, die nach dem Ende der DDR wieder die Macht an sich reißen wollten. Um den Kommunismus hatte es ihr nicht leidgetan, doch bald schon war sie desillusioniert.

»Nach der Wiedervereinigung haben sich die Verhältnisse so gestaltet, dass man das Gefühl hatte, man kann gar nichts mehr mitgestalten, es sei denn, man geht in eine Partei«, erzählte sie mir. »Ich sollte sozusagen eine Vorzeigefigur werden. Ich sollte stehen für

’89 und für die Wiedervereinigung und sollte immer zu den runden Jahrestagen auf der Tribüne sitzen. Aber einen tatsächlichen Einfluss, den hatte ich nicht.« Die Menschen, die sich 1989 eingesetzt hatten, wurden jetzt nicht mehr gebraucht. Es kamen neue, die mit der Bürgerrechtsbewegung nichts zu tun hatten. »Vor ’89 wusste keiner von uns, wer Angela Merkel war, oder Gauck. Diese Leute waren gar nicht bekannt. Ich habe irgendwie den Eindruck gehabt, mein Leben ist noch nicht zu Ende. Ich hatte Reiseverbot die ganzen Jahre, ich konnte nicht weg, und ich habe gedacht, ich möchte richtig ins Ausland gehen.« Da sie in der Schule Russisch gelernt hatte und glaubte, mit dem Serbokroatischen relativ gut zurechtzukommen, entschied sie sich für das ehemalige Jugoslawien. Sie war neugierig, in der DDR hatte sie kaum etwas über dieses Land erfahren. Sie wollte auch verstehen, wie es dort nach dem Zweiten Weltkrieg wieder zu einem Krieg hatte kommen können. »Es war mir lieber, an Projekten mit Flüchtlingen zu arbeiten, als an einer Uni zu sitzen und über die DDR oder ’89 zu erzählen.«

Der Gründer und damalige Leiter der humanitären Organisation Cap Anamur hatte sie eingeladen, ihre Projekte in Bosnien zu betreuen. Als sie ankam, sah sie nichts als ausgebrannte Häuser und eingestürzte Dächer. »Da kam mir die Idee, diese Dächer zu bauen, ein Selbsthilfeprojekt. Jeder sollte die Möglichkeit bekommen, ein Dach auf seine Ruine zu setzen. Denn wenn kein Dach drauf ist, regnet es hinein, und sehr schnell werden die Mauern immer mehr angegriffen und fallen zusammen. Mit einem Dach ist das Haus erst einmal geschützt, und dann kann man weiterbauen.«

Für Cap Anamur sollte sie zunächst nur drei Monate arbeiten, doch »dann fand ich die Arbeit so interessant und, ja, ich hatte einfach das Gefühl, etwas Sinnvolles zu tun.« Sie wechselte in das Büro des Hohen Repräsentanten der EU, Carl Bildt, der nach seiner Amtszeit als schwedischer Ministerpräsident an der Mediation des Dayton Peace Agreements beteiligt gewesen war. Bärbel Bohley war in seinem Büro für die Aufbauprojekte verantwortlich. Es gab praktisch keine Vorgaben, und so begann sie wiederum, Logistik, Baumaterial und Finanzierung bereitzustellen, um die Menschen beim Aufbau ihrer Dächer zu unterstützen.

Der Anblick von Bosnien nach dem Krieg war schockierend, er hat viele Menschen traumatisiert. Doch Bärbel kam das alles sehr vertraut vor. »Ich bin 1945 in Berlin geboren und dort groß geworden. Ich habe mich sehr schnell zurechtgefunden in der Situation, und ich glaube, das hat mit meiner Kindheit zu tun. Meine Spielplätze waren immer Ruinen gewesen, nur Trümmer. In unserem Haus lebten Flüchtlinge. Es war so ein Déjà-vu-Erlebnis.« Sie glaubt auch, dass ihre Erfahrungen in der DDR ihr geholfen haben. Sie wusste einfach, »dass sich die Leute selbst organisieren und ihr Leben in den Griff bekommen wollen, anstatt es bloß vorgesetzt zu bekommen. Man muss ihnen die Möglichkeiten geben, ihr Leben aufzubauen, eine gewisse Freiheit und ein gewisses Vertrauen in die Strukturen.«

Es war schwierig, weil die internationalen Organisationen mit der Einstellung dort ankamen, dass sie am besten wussten, was gemacht werden sollte. Sie hielten die Einheimischen für rückständig. Doch die Bosnier wussten zum Beispiel genau, wie man Dächer baut. »Die brauchen keinen Architekten aus Bayern, der für Zigtausende erstmal ein Projekt macht. Dafür könnte man drei Dächer schon wieder finanzieren.«

Eine der größten Herausforderungen war es, gegen die Korruption anzugehen. Eine Menge Geld war unterschlagen worden, meistens, weil sich keiner mehr die Mühe machte, die Projekte, wenn sie einmal unter großem bürokratischen Aufwand genehmigt worden waren, zu überprüfen. »Man musste immer rumfahren und gucken, immer gucken. Als wir das organisiert haben, hat es ziemlich schnell gewirkt, die Leute wussten nun, dass sie uns nicht betrügen, nicht über den Tisch ziehen konnten, dass wir kommen und gucken.«

Dreitausendfünfhundert Dächer wurden in Bosnien unter ihrer Aufsicht gebaut, sie waren günstiger als alle, die von anderen Organisationen finanziert wurden – dementsprechend unbeliebt waren sie dort. »Die waren heilfroh, als wir weg waren«, sagte sie. Was die anderen an Zusatzkosten berechneten, wanderte vermutlich in die eigenen Taschen, die Leute von den Nicht-Regierungsorganisationen fuhren die dicksten Autos in Sarajewo. »Es ist eine zweischneidige Sache mit den Hilfen von außen.«

Zu den schwierigsten Aufgaben in der unmittelbaren Nachkriegszeit gehörte es, die Rücksiedlung der Flüchtlinge zu organisieren. Alles war sehr kompliziert, die Lage äußerst angespannt. Um das schwierige Verhältnis zwischen den Flüchtlingen, den staatlichen Stellen vor Ort, die ihnen Steine in den Weg legten, den neuen Nachbarn, die in ihre alten Dörfer zurückgekehrt waren, und den internationalen Organisationen zu verbessern, gründete Bärbel Bohley 1996 die Koalition für Rückkehr, eine Dachorganisation für die Flüchtlinge aller ethnischen Gruppen. Tatsächlich brachte sie die verschiedenen Gruppen dazu zu kooperieren, was die Rücksiedlung um einiges einfacher machte.

Doch ihre Lieblingsinitiative kam noch etwas später. 2001 gründete sie mit einigen Freunden den von deutschen Spenden finanzierten Verein Seestern, der ein Ferienheim in Celina an der adriatischen Küste betreibt. Waisenkinder aus Flüchtlingsfamilien konnten dort einen Teil ihrer Sommerferien verbringen. Es kamen immer zehn Kinder im Alter von zwölf bis fünfzehn Jahren. Die Gruppen, die jeweils neun Tage blieben, waren so überschaubar, dass alle an einem Tisch sitzen und miteinander reden konnten. Bärbel, die eigentlich nicht gern kochte, sorgte für das Essen.

Die Kinder schwammen und spielten am Strand, sie besichtigten die Sehenswürdigkeiten und fuhren mit Booten hinaus. Sogar ein Restaurantbesuch war Teil des Programms – für die meisten eine ganz neue Erfahrung. Spiele gab es und eine Bastelecke, einen Basketballplatz und Fahrräder. Acht Jahre lang lief das Projekt, dann half Seestern den Flüchtlingsfamilien auf andere Weise.

Bärbel suchte neue Herausforderungen. Sie organisierte ein Projekt, um Zisternen zu bauen. Ein großer Teil der Herzegowina litt unter extremem Wassermangel, die Sommer dort sind heiß und trocken. Viele der Flüchtlinge hatten Land bekommen, aber das Land war so trocken, dass es oft beinahe unbrauchbar war. So kam es zu dem neuen Projekt, das von staatlichen Stellen in Deutschland finanziert wurde. Die Häuser wurden mit großen Zisternen ausgestattet, die im Winter genügend Regenwasser sammelten, um den Bedarf des Haushalts zu decken und die Felder im Sommer zu bewässern. Statt Gruben in den steinigen Boden zu graben, was praktisch unbezahlbar gewesen wäre, wurden viele kleine Sprengsätze eingesetzt. So entstanden mit relativ geringem Aufwand große Gruben. Auf diese Weise sind schätzungsweise zweihundert Zisternen entstanden.

Im Ganzen war es eine glückliche, schöne Zeit für Bärbel Bohley, »sehr interessant und erfüllend – viel besser, als wenn ich in irgendeinem parlamentarischen Ausschuss gesessen hätte.«

2008 kehrte sie mit einer Krebsdiagnose nach Berlin zurück. Als wir 2010 in einem Café am Prenzlauer Berg, in der Nähe ihrer kleinen Wohnung, miteinander sprachen, verbarg sie ihr Haar unter einer Mütze, sie sah bleich und zerbrechlich aus und sprach sehr leise. Wegen verschiedener Krankenhausaufenthalte hatte sie unsere Verabredung bereits zwei Mal verschieben müssen, sie wusste, dass sie nicht mehr lange zu leben hatte. Sie war zu erschöpft, um weitere Pläne zu schmieden. Wenn es ihr etwas besser ginge, erklärte sie, würde sie sich einige persönliche Wünsche erfüllen, zwei, drei Reisen machen, einige Museen besuchen, ein paar Bücher lesen. Mehr nicht.

Sie war fünfundsechzig Jahre alt. Sie wusste, dass sie nicht alt werden würde. Angst, erklärte sie, habe sie vor dem Alter nie gehabt. »Ich habe das Alter als etwas Normales gesehen. Es gehört zum Leben dazu, auch meine Krankheit gehört dazu. Ich bin dankbar, dass sie erst so spät gekommen ist. Es gibt Leute, die ihr ganzes Leben lang krank sind. Ich denke, ich habe gelebt.«

Wenige Monate später starb Bärbel Bohley.

Viele Journalisten träumen davon, dass sie eines Tages, wenn sie in den Ruhestand gehen, ein Buch schreiben und reisen werden. So auch Inge Deutschkron. Vierzehn Jahre lang hatte sie für die israelische Zeitung Maariv aus Bonn berichtet, wo sie als einflussreiche Korrespondentin gearbeitet hatte. Nach weiteren vierzehn Jahren in Tel Aviv, wo sie als diplomatische Reporterin mit Deutschlandfokus arbeitete, setzte sie sich 1987 zur Ruhe – genauso wie sie es geplant hatte. Sie fühlte sich wohl in Israel und hatte gar nicht vor, nach Deutschland, das Land, in dem sie geboren worden war, zurückzukehren. Doch im folgenden Jahr erhielt sie einen Anruf, der ihr Leben noch einmal auf den Kopf stellen sollte. Am Telefon war Volker Ludwig, er sei in Tel Aviv, ob er sie treffen könne.

Zu dieser Zeit war Volker Ludwig der Leiter des Berliner Grips Theaters, des ersten und bekanntesten Kinder- und Jugendtheaters in Deutschland. Er bat sie um Erlaubnis, ihr Buch »Ich trug den gelben Stern« über ihre Kindheit und Jugend während der Zeit des Nationalsozialismus, die sie 1978 geschrieben hatte, in einer dramatischen Fassung auf die Bühne zu bringen. Natürlich sagte sie zu, doch sie verstand nicht gleich, dass sie mit ihrer Zusage ihrem Leben, das bereits so ereignisreich gewesen war, eine ganz neue Wendung gab.

Volker Ludwig begann, das Theaterstück zu schreiben, und schickte ihr jede Seite zur Durchsicht. Hier und dort korrigierte sie kleine Fehler, die sich eingeschlichen hatten. Als das Stück mit dem neuen Titel »Ab heute heißt du Sara« fertig war, flog Inge nach Berlin und sah sich die Proben an. Die Premiere am 9. Februar 1989 war ein riesiger Erfolg. »Eigentlich wollte ich ein paar Tage später wieder nach Tel Aviv fliegen, aber die Lehrer und Schulkinder belagerten mich regelrecht und baten mich, in ihre Schulen zu kommen. Also beschloss ich, mich sechs Monate lang als Vortragsreisende zu versuchen.« Danach, so meinte sie, würde sich niemand mehr für ihre Geschichte interessieren. Doch es kamen immer mehr Anfragen. Wenn es nicht zu anstrengend für sie gewesen wäre, hätte sie jeden Tag in eine andere Schule gehen können. So beschloss sie, ihre Zeit zwischen Berlin und Tel Aviv aufzuteilen: sechs Monate hier, sechs Monate dort. Doch auch das wurde ihr bald zu viel. »Ich musste zwei Wohnungen unterhalten, und wenn ich schreiben wollte, waren meine Bücher und Papiere immer gerade am falschen Ort. Es wurde einfach zu kompliziert.« 2001 zog sie schließlich ganz nach Berlin.

Inge war 1922 geboren worden, und erst mit zehneinhalb Jahren, am 31. März 1933, erfuhr sie, dass sie Jüdin war. »Wir gehören einer Minderheit an, mein Kind, wir sind jüdisch«, erklärte die Mutter. »Ich wusste nicht, was das bedeutet«, erzählte sie mir, »und selbst meine Mutter schien sich nicht ganz sicher zu sein.« Sie waren nicht religiös und lebten wie eine nichtjüdische deutsche Familie – mit Weihnachtsbaum, Ostereiern und allem, was dazugehört. Dann sagte ihre Mutter etwas, das Inge nie vergessen sollte: »Es bedeutet aber nicht, dass du weniger wert bist als andere Kinder. Lass dich von niemandem herumschubsen. Du musst lernen, für dich einzustehen.« Ihr ganzes Leben lang hat sie diesen Rat beherzigt.

Am nächsten Tag begannen die Nazis die erste einer Reihe von Aktionen gegen die Juden, sie riefen zum Boykott jüdischer Geschäfte und Betriebe auf. Bald nahm die Bedrohung zu. Eines Abends wartete sie mit ihrer Mutter und dem Hausmädchen auf den Vater, einen Lehrer und SPD-Funktionär, der nicht zur üblichen Zeit nach Hause gekommen war. Sie waren sehr verängstigt. Es klingelte – ein Gleichgesinnter, wie sie erleichtert feststellten. Inge hörte durch eine Tür, wie der Parteifreund ihrer Mutter erzählte, dass die Nazis ihre Wohnung im Visier hätten. Das ganze Viertel wisse von ihnen und von den politischen Aktivitäten ihres Mannes, er müsse schnellstens untertauchen. Die Mutter ging aus dem Haus, um ihn zu suchen, und kehrte erst sehr spät heim, sie war allein. Sie erzählte dem Hausmädchen, dass zwei Freunde verhaftet worden seien. »Ich werde einen Koffer mit den nötigsten Sachen bereitmachen. Es wird besser sein, wenn wir alle morgen nicht hier schlafen.«

Sie waren unendlich erleichtert, als ihr Vater unversehrt nach Hause kam. Doch schon bald verlor er seine Stelle an der Schule. Freunde verschwanden, niemand wusste, wohin. Nachbarn bespitzelten und verrieten sie und ihre Bekannten, die Gestapo kam und durchsuchte die Wohnung, bis nichts mehr an seinem alten Platz stand. Einige der jüdischen Freunde emigrierten, andere machten sich zwar Sorgen, waren aber überzeugt, dass der Spuk bald vorüber sein würde. Doch es wurde immer schlimmer: die Reichskristallnacht, der vollständige Boykott, die Schikanen, die Beleidigungen. Die Deutschkrons mussten umziehen, Inge kam auf eine neue Schule. Sie durfte nicht mit anderen Kindern auf der Straße spielen, es war zu gefährlich. Ihr Vater erhielt schließlich ein englisches Visum. Ein Cousin hatte eine große Garantiesumme hinterlegt, um nachzuweisen, dass für den Staat keine Kosten entstehen würden. Inge und ihre Mutter würden, davon ging man aus, bald ebenfalls die Erlaubnis zur Einreise erhalten. Doch bevor sie Deutschland verlassen konnten, brach der Krieg aus. Als sie die fürchterliche Nachricht hörten, versuchten sie verzweifelt, ihn anzurufen, doch die Telefonisten sagte immer nur: »England antwortet nicht.« Sie saßen in der Falle. Sechs furchtbare Jahre lang.

Da sie das Abitur nicht ablegen durfte, machte Inge eine Ausbildung am jüdischen Kindergärtnerinnen-Seminar, das glücklicherweise noch nicht geschlossen worden war. Später arbeitete sie für eine reiche jüdische Familie als »Haustochter«, eine Art Hausmädchen, bis man den Juden verbot, Personal zu halten. Sie wurde mit anderen jüdischen Mädchen zu einer Seidenfabrik der IG Farben geschickt, wo das Material für Fallschirme hergestellt wurde. Sie musste zehn Stunden am Tag im Stehen arbeiten, weitere drei Stunden stand sie im Bus und in der Bahn, um zur Arbeit zu kommen. Juden durften sich in den öffentlichen Verkehrsmitteln nicht mehr hinsetzen. Nur wer krank war, konnte der Arbeit entgehen. Also zog Inge die Schuhe mit den höchsten Absätzen an, die sie finden konnte. Es war eine Qual, doch bereits nach drei Tagen konnte sie ihr rechtes Knie nicht mehr bewegen. Sie hatte ihr Ziel erreicht. Der Fabrikarzt schrieb sie krank. Sie wurde, wie sie gehofft hatte, in Otto Weidts Blindenwerkstatt eingesetzt.

Otto Weidt, selbst beinahe blind, war ein außerordentlicher Mann. Im Hinterhof der Rosenthalerstraße 39 beschäftigte er in seiner weitläufigen Werkstatt etwa dreißig blinde und taubstumme Juden, die Besen und Bürsten herstellten. Er selbst war kein Jude. Da er einen Liefervertrag mit der Wehrmacht hatte, war es ihm gelungen, die Werkstatt als »wehrwichtigen Betrieb« zu deklarieren. Dies erlaubte ihm, Material für seine Produkte zu beziehen, die – man mag es heute kaum glauben – als Mangelware überaus begehrt waren. Weidt, ein außerordentlich mutiger und einfallsreicher Mann, war ein Virtuose des Schwarzmarkts. Er verwies immer auf die schwierige Lage bei den Rohmaterialen und schickte der Wehrmacht niemals die volle Bestellung. Die restlichen Besen und Bürsten tauschte er gegen Parfüm, Kleidung, Nahrungsmittel und andere begehrte Güter, mit denen er wiederum die Gestapo und die Naziofffiziellen bestach. Gleichzeitig half er den Juden in seiner Belegschaft, er beschützte und versteckte sie. Nur wenn die Nazis zur Besichtigung in der Werkstatt waren, verhielt er sich auch wie ein Nazi. Inge arbeitete in seinem Büro. Wenn die Nazis kamen, schlüpfte sie schnell in einen bereitliegenden Overall mit dem Judenstern, stellte sich an die Werkbank und tat, als würde sie Besen binden. Juden durften nur für die einfachsten Arbeiten eingeteilt werden.

Bald begannen die Deportationen. Verwandte, Freunde und Nachbarn wurden verschleppt. Otto Weidt gelang es immer wieder, »seine« Juden zu retten. Er stürmte in die Büros der Gestapo und protestierte lauthals, weil er ohne sie seine »wehrwichtigen« Aufträge nicht erfüllen könne. Vermutlich kamen auch bei diesen Auftritten die Güter vom Schwarzmarkt zum Einsatz. Nach einiger Zeit rieten nicht-jüdische Freunde Inge und ihrer Mutter unterzutauchen. Eine freundliche Wäscherin, die von einem Soldaten erfahren hatte, was mit den deportierten Juden geschah, bot ihnen ein Versteck in der Wäscherei an. Zum Glück hatte Weidt Inge falsche Papiere und eine Arbeitserlaubnis besorgt, so konnte sie weiterhin tagsüber arbeiten. Ein Zimmer hinter der Werkstatt wurde als Versteck für eine jüdische Familie hergerichtet, die Tür befand sich hinter einem großen, gut gefüllten Kleiderschrank, dessen Rückwand herausgenommen war. Doch die Familie wurde verraten und kam nach Auschwitz. Im Februar 1943 startete die Gestapo die sogenannte Fabrikaktion. Juden wurden aus den letzten Betrieben geholt, bis man Berlin für »judenrein« erklären konnte. Inge hatte vorher davon erfahren und war nicht zur Arbeit gegangen, sie harrte in der Wäscherei aus. Als sie einige Tage später in die Werkstatt kam, war sie beinahe wie ausgestorben. Die jüdischen Arbeiterinnen waren verschwunden.

Inge und ihre Mutter überlebten, sie gaben sich neue Namen und wechselten immer wieder das Versteck. Otto Weidt war verzweifelt, doch er gab nicht auf. Er bestach die Gestapo, seine Juden nach Theresienstadt zu schicken, ein Lager, das als privilegiert galt. Auch hier waren die Zustände unerträglich, aber ein Vernichtungslager wie Auschwitz war es nicht. Weidt unterstützte die Juden in ihren Verstecken, und er schickte Pakete in die Lager. Seiner Sekretärin Alice Licht, mit der er wohl ein Verhältnis hatte, gelang es mit seiner Hilfe, aus Auschwitz zu fliehen. Nach dem Krieg gründete Weidt ein Waisenhaus und ein Seniorenheim für die Überlebenden aus den Lagern. Er starb 1947.

In der geteilten Stadt hatte die Blindenwerkstatt für Inge unerreichbar im Osten gelegen. Erst 1988 konnte sie mit den Leuten vom Grips Theater den Ort besichtigen, an dem sie und viele andere zwei Jahre in Todesangst ausgeharrt hatten. Erstaunt stellte sie fest, dass alles genauso aussah, wie sie es in Erinnerung hatte. Die Werkstatt hatte seit dem Krieg leergestanden, nur einmal war sie kurz benutzt worden. Die Eigentümer des Gebäudes lebten im Ausland. Im Büro hing noch die Tapete, die Weidt ausgesucht hatte, die wenigen Möbel standen alle noch an ihrem Platz. Und im letzten Zimmer gab es immer noch den Kleiderschrank, der eine Tür verbarg, die zu dem

Raum mit den zugenagelten Fenstern führte, in dem sich andere Juden versteckt hatten. Die Dielen knarrten wie damals, als sie sich kaum zu gehen trauten, aus Angst, die Gestapo könnte ihre Schritte hören.

Ich wollte wissen, wie es sich für sie angefühlt hat, diesen Ort noch einmal zu betreten. »Meinst du, es war leicht? Ich habe mich an dem Abend betrunken.«

Doch dann wurde sie noch einmal aktiv. Als Erstes setzte sie einen Brief an ein DDR-Amt auf, mit dem Vorschlag, eine Plakette zu Ehren von Otto Weidt anzubringen. Ausführlich beschrieb sie die Geschichte der Werkstatt. Doch sie erhielt keine Antwort. Nach der Wende erzählte ihr eine Frau, die beim ostdeutschen Denkmalschutz gearbeitet hatte, dass der Staat das Gebäude eher abgerissen hätte, als eine solche Plakette anzubringen. Selbst nach der Wende war es verboten, ohne die Einwilligung des Eigentümers ein Schild anzubringen. Und es gab nicht nur einen Eigentümer, sondern an die dreißig, und sie waren auf der ganzen Welt verstreut. Inge bat die CDU-Politikerin Hanna-Renate Laurien, damalige Präsidentin des Berliner Abgeordnetenhauses, um Rat. Frau Laurien zögerte nicht: »Frau Deutschkron, bringen Sie die Tafel an. Denjenigen möchte ich mal sehen, der Sie dafür verklagt.« Inge brachte das Schild an. Später wurde es durch eine Bronzeplatte ersetzt, die in den Asphalt am Hofeingang eingelassen wurde. Wer hätte sich daran stören sollen? »In diesem Haus befand sich die Blindenwerkstatt von Otto Weidt«, ist dort zu lesen, »hier arbeiteten in den Jahren 1940 bis 1945 vornehmlich jüdische Blinde und Taubstumme. Unter Einsatz seines Lebens beschützte Weidt sie und tat alles, um sie vor dem sicheren Tod zu retten. Mehrere Menschen verdanken ihm das Überleben.«

Anfangs sah es nicht danach aus, dass die alte Werkstatt mit all den daranhängenden Erinnerungen gerettet werden könnte. Inge und ihren Unterstützern fehlte das Geld. Außerdem wurde inzwischen das gesamte Gebäude genutzt, bis auf einen einzigen, mit Schutt gefüllten Raum. Niemand schien sich zu kümmern. Doch das änderte sich, als nach einem von Inges Vorträgen eine Gruppe von Studenten der Museumswissenschaft zu ihr kam und sie bat, bei einer Ausstellung über Otto Weidt und seine Werkstatt zu helfen, die sie als Diplomarbeit organisieren wollten. Es dauerte nicht lange, da war der Schuttraum aufgeräumt und eine Ausstellung eingerichtet. Der Erfolg war so groß, dass sie viele Monate lang geöffnet blieb. Immer waren zwei Studenten da, die ihre Freizeit für die gute Sache opferten. Trotzdem schienen Inges Vorstellungen bezüglich eines permanenten Museums sehr unrealistisch – besonders, da das Gebäude verkauft werden sollte. »Es war ein nie enden wollender Kampf«, erzählte sie mir. Doch dann besuchte der damalige Staatsminister für Kultur, Michael Naumann, die Werkstatt und erklärte, dass an diesem Ort ein staatlich gefördertes Museum entstehen solle.

Nachdem die Blindenwerkstatt Otto Weidt anfangs dem Jüdischen Museum zugeordnet war, ist sie nun ein Teil der Gedenkstätte Deutscher Widerstand, die Finanzierung ist auf lange Sicht gesichert.

Wer in den Hof der Rosenthalerstraße 39 tritt, hat das Gefühl, in eine vergangene Zeit einzutauchen. Man hat das Werkstattgebäude am Ende des Hofs so erhalten, wie es während des Krieges war: schmutzig und heruntergekommen. Auch innen ist es dreckig und kahl. Inge bietet Führungen für Schulklassen und andere Gruppen an, sie ist mindestens zwei Mal die Woche dort. Sie hat eine beinahe fröhliche, sehr witzige Art, ihre Geschichte zu erzählen, die auch nach der tausendsten Wiederholung noch frisch und klar wirkt, als würde sie sie gerade zum ersten Mal erzählen.

Auch nachdem das Werkstatt-Museum fertig war, hatte Inge weitere Ideen. Sie schlug vor, in weiteren Räumen um den Hof herum eine Gedenkstätte Stiller Helden einzurichten, die ebenfalls Teil der Gedenkstätte Deutscher Widerstand wurde. Eine beeindruckende interaktive Ausstellung erinnert namentlich an diejenigen Deutschen, die den Juden geholfen und sie versteckt haben. Von den sieben- bis zehntausend Juden, die während des Dritten Reichs in Berlin versteckt waren, haben tausendsiebenhundert überlebt – nicht zuletzt wegen der Stillen Helden. Eine Stiftung hat Inge auch gegründet. Sie unterstützt Forschungsvorhaben, die sich mit der Geschichte des Antisemitismus in Deutschland auseinandersetzen.

Ganz nebenbei schreibt sie weiterhin Bücher und Artikel und hält Vorträge. »Ich arbeite heute viel mehr als damals bei Maariv«, erzählt sie und lacht. Mit neunzig Jahren ist sie so enthusiastisch wie eh und je, sie sprüht vor Energie. Trotzdem würde sie gern etwas kürzertreten, besonders bei der Arbeit im Büro.

Inge, die sich über drei Jahrzehnte für ihre Sache eingesetzt hat, ist es zu verdanken, dass unzählige deutsche Schulkinder einen Eindruck davon erhalten haben, wie es war, als Jüdin im Dritten Reich aufzuwachsen. Ihr Buch »Ich trug den gelben Stern« ist längst ein Klassiker, es wird in vielen Schulen eingesetzt. Das Theaterstück wurde mehr als dreihundert Mal aufgeführt, auch auf vierzig Bühnen außerhalb Berlins. Doch was am wichtigsten ist: Otto Weidt und den anderen Deutschen, die ihr Leben riskiert haben, um Juden zu helfen, ist nun die Anerkennung zuteilgeworden, die sie verdient haben.

8 HINGABE

»Das ist ja alles sehr schön«, könnten Millionen von älteren Frauen sagen, die ermutigt werden, eine neue, aufregende Phase ihres Lebens zu beginnen. »Doch was ist eigentlich mit mir?«

Ja, was ist eigentlich mit all den Frauen, die mehr oder weniger freiwillig zu Hause bleiben, um jemanden aus der Familie zu pflegen? Ein Ergebnis der höheren Lebenserwartung ist, dass Frauen (immer noch sind es meistens Frauen) mit fünfzig, sechzig oder auch siebzig Jahren für ihre alten Eltern sorgen müssen, die wiederum über achtzig oder gar über neunzig Jahre alt sind. Und dann sind da noch die Ehemänner. Manchmal sind selbst die Kinder pflegebedürftig.

Auf den ersten Blick sieht es aus wie eine elegante Lösung des »Altersproblems«. Die Gesunden kümmern sich um die Kranken, die Junggebliebenen um die richtig Alten, und der Staat tut, was er kann, um das System zu unterstützen. Nur lässt sich das Leben nicht immer so ordentlich in Schemen pressen.

Einige Menschen halten es für eine ihrer größten Lebensaufgaben, sich um ihre Familien zu kümmern.

Sie tun es gern und kämen niemals auf die Idee, ihre Nächsten in Altersheimen unterzubringen. Andere tun es, weil sie sich moralisch dazu verpflichtet fühlen. Innerlich wehren sie sich vielleicht, klagen hin und wieder auch laut über die Kräfte, die eine solche Pflege kostet, die finanziellen Probleme, die entstehen können, die Einschränkung ihrer persönlichen Freiheit. Wieder andere finden sich in die Rolle der Pflegenden, weil sie schlicht keine andere Wahl haben. Das Pflegeheim ist unbezahlbar, anderweitige Hilfe steht nicht zu Verfügung, die sozialen Dienste sind schlecht oder einfach nicht da, wo sie sein sollen. In Deutschland werden 1,62 Millionen Menschen von Verwandten zu Hause gepflegt, manchmal mit Unterstützung durch ambulante Dienste, manchmal auch nicht. Die meisten Betroffenen ziehen diese Variante vor, genauso wie die Pflegenden: 69 Prozent von ihnen halten die Versorgung zu Hause für die bessere Lösung.

Außerhalb ihrer Familie kennt kaum jemand meine Freundin Luise. Sie ist eine sehr gebildete und höchst intelligente Frau, die, wie so viele ihrer Generation, ihr Studium aufgab, um zu heiraten. Sie wurde Hausfrau und zog drei Kinder groß. Sie interessierte sich ihr Leben lang für Bücher, Musik und Kunst, aber sie kam nie auf die Idee, Arbeit in diesem Bereich zu suchen. Gerade als ihre Kinder aus dem Haus waren und sie ihre Freiheit hätte genießen können, wurde ihr Mann chronisch krank. Zwanzig Jahre lang kümmerte sie sich aufopferungsvoll um ihn. Mehrmals in der Woche fuhr sie ihn zum Krankenhaus, wo er behandelt wurde, sie organisierte den gesamten Haushalt, sie kochte und putzte. Das Haus verließ sie nur, um schnell einzukaufen, um kurz zur Bank oder zur Post zu gehen, ansonsten war sie immer an seiner Seite. Als er schließlich starb, war sie fünfundsiebzig und hatte selbst gesundheitliche Probleme. Sie bereue nichts, sagte sie mir, sie hat es immer gern getan, aus tiefer Liebe zu ihrem Mann, und sie wäre nie auf die Idee gekommen, nach einer anderen Lösung zu suchen. Doch sie weiß, dass ein echter Neustart für sie nun nicht mehr in Frage kommt. »Ich möchte jetzt nur noch Ruhe haben und mit meinen Erinnerungen leben. Ich möchte meine Kinder und Enkelkinder um mich haben und das genießen, was mir noch bleibt.« Wer kann ihr das verdenken?

Frauen wie Luise, die ihre späten Jahre darauf verwenden, ihre Lieben zu versorgen, sind stille Heldinnen, die wir für ihre Leistungen noch mehr bewundern müssen als Frauen, die im Alter eine zweite Karriere egal welcher Art aufbauen. Der Staat spart aufgrund ihrer Arbeit Milliarden – Geld, das letztendlich von uns selbst kommt. Trotzdem leben diese Frauen oftmals im Schatten der Gesellschaft, sind einsam und kaum sichtbar. Nur wenige, manchmal nicht einmal die eigenen Verwandten, würdigen ihren Einsatz. In einer idealen Welt würde man ihnen die Anerkennung zollen, die sie verdient haben, aber bis dahin ist es noch ein weiter Weg.

Im Pflegebereich tut sich eine Menge, keine Frage. Das Bundesministerium für Gesundheit hatte 2011 zum Jahr der Pflege ausgerufen und verschiedene Initiativen gestartet, um das Image der Pflegeberufe zu verbessern. Die Informationspolitik des Ministeriums hat sich verbessert – es ist nicht schwer, Rat in Sachen Pflege einzuholen und sich über die verschiedenen Möglichkeiten zu informieren.

Viele Pflegende, besonders diejenigen, die dabei noch einen Beruf ausüben, sind überlastet. Aline, eine Freundin von Sissi, arbeitet in einer Werbeagentur. Sie arbeitet immer bis spät am Abend und fährt von dort anschließend direkt zur Wohnung ihrer dementen Mutter. Sie kocht und putzt und kümmert sich um alles. Sie verbringt alle Wochenenden und Feiertage dort, sie hat überhaupt keine Zeit für sich oder ihre Freunde. Sie geht praktisch nie essen oder ins Kino. Kein Wunder, dass sie überfordert und ständig erschöpft ist. Das wiederum beeinträchtigt ihre Arbeit. Da ihre Mutter zwar dement, aber körperlich recht fit ist, kann niemand sagen, wie lange sie noch leben wird. Aline ist voller Sorge, dass sie ihren Job verlieren könnte. Da sie selbst schon über fünfzig ist, dürfte es schwierig sein, eine neue Stelle zu finden.

Alines Situation ist heutzutage leider alles andere als selten. Vielen Berufstätigen gelingt es nur unter größten Schwierigkeiten, die Pflege der Eltern und den Beruf unter einen Hut zu bringen. Die Bundesregierung hat zumindest einen kleinen Schritt in die richtige Richtung getan. 2012 trat ein Gesetz in Kraft, das es Arbeitgebern und Arbeitnehmern erlaubt, individuelle Lösungen zu finden und die Arbeitszeit auf bis zu 50 Prozent zu reduzieren. Die Arbeitnehmer erhalten in dieser Zeit 75 Prozent ihrer Bezüge, die Differenz wird ausgeglichen, wenn die volle Arbeitszeit wieder erreicht ist. Wer absehen kann, dass er von dieser Regelung Gebrauch machen wird, kann bereits im Vorfeld etwas ansparen, indem er sich das Gehalt nicht voll auszahlen lässt. Es funktioniert wie eine Versicherung.

Bisher war es nur möglich, zur Pflege eines Angehörigen sechs Monate unbezahlt freizunehmen, insofern ist das neue Gesetz ein Fortschritt. Leider ist kein Arbeitgeber verpflichtet, an dem neuen System teilzunehmen. Zudem können viele Menschen nicht einfach auf ein Viertel ihres Gehalts verzichten. Auch genügen zwei Jahre manchmal nicht, viele alte Menschen sind viel länger pflegebedürftig.

Und die Pflegesituation bringt auch noch andere Schwierigkeiten mit sich, die von den Angehörigen, die die Pflege übernehmen, unterschätzt werden. Das Bundesministerium für Gesundheit und andere Organisationen warnen davor, dass die körperlichen wie mentalen Belastungen für den Pflegenden sehr groß sind. Zudem besteht die Gefahr, dass die emotionale Abhängigkeit zwischen dem Pflegenden und dem Pflegebedürftigen zu groß wird. Verstärkt durch den Druck und die Verantwortung, ist der Pflegende in ständiger Sorge und hat das Gefühl, ohne den geliebten Menschen nicht leben zu können. Alines Freunde zum Beispiel meinen, dass sie sich nicht in der Weise für ihre Mutter aufopfern müsste, wie sie es tut. Sie sind der Überzeugung, dass die Mutter durchaus auch von einer bezahlten Kraft versorgt werden könnte. Am Finanziellen liegt es sicher nicht. Aline könnte ein normaleres Leben führen, doch sie besteht darauf, dass ihre Mutter mit einer anderen Lösung nicht glücklich wäre. Ist das alles nur reine Liebe und Aufopferung, oder sind noch andere, komplexere Faktoren im Spiel? Hat sie das Gefühl, etwas gutmachen zu müssen? Ist es ihr nicht gelungen, sich von der Mutter abzunabeln?

Selbst wenn das Verhältnis zwischen dem Pflegenden und dem Pflegebedürftigen ursprünglich gut war, wird es in der Pflegesituation oft bis an die Grenzen belastet. Wenn es bereits Probleme gab, werden diese noch verstärkt. Irgendwann geht es dann nicht mehr.

»Das ist keine Seltenheit«, erklärte mir Gabi, eine Gestalttherapeutin. »In vielen Fällen ist es so, dass die Mutter verwitwet ist und von ihrer Rente kaum leben kann. Also zieht die unverheiratete, vielleicht geschiedene Tochter ein. Finanziell ist das nachvollziehbar, aber es kann auch eine Falle sein. Zum Beispiel kenne ich eine sechsundachtzigjährige Frau, die jeden Mann, mit dem ihre Tochter jemals eine Beziehung hatte, verjagt hat. Jetzt leben sie zusammen, aber glücklich sind beide nicht. Sie sind wie ein altes, zerstrittenes Paar, ständig mäkeln sie aneinander herum. Die Atmosphäre in der Wohnung ist total vergiftet. Die Mutter ist so alt und hilfsbedürftig, dass die Tochter mittlerweile eine Art Mutterrolle übernommen hat, was die Mutter natürlich nicht akzeptieren kann. Sie ist nicht bereit abzudanken. Die Ursachen solcher symbiotischer Verhältnisse liegen oft weit in der Vergangenheit. Tatsache ist auf jeden Fall, dass sie einander nicht loslassen können. Vielleicht wünscht die Tochter heimlich den Tag herbei, an dem sie frei ist, doch wenn die Mutter dann stirbt, ist sie am Boden zerstört. Es ist eine kranke Form der Abhängigkeit. Töchter, die selbst Kinder haben, sind viel seltener betroffen als solche, die kinderlos geblieben sind.«

Auch Mutter-Sohn-Beziehungen sind manchmal äußerst problematisch. Wie komplex es werden kann, zeigt der Fall einer vierundsiebzigjährigen, geschiedenen Frau. Sie lebte längst wieder mit einem neuen Mann zusammen, hatte dabei aber Schuldgefühle ihrem Sohn gegenüber, dem die Scheidung damals sehr zu schaffen gemacht hatte. Nicht zuletzt ihrem Sohn zuliebe hatte sie ein gutes, beinahe freundschaftliches Verhältnis zu ihrem Ex-Mann entwickelt, die drei feierten sogar Weihnachten zusammen. Doch dem Sohn gelang es niemals, seinen eigenen Weg zu gehen. Als sie siebzig war, starb ihr zweiter Mann, den sie nie geheiratet hatte. Ihr Ex-Mann wurde zur selben Zeit von seiner zweiten Frau verlassen. Also zogen die drei wieder zusammen. Der längst erwachsene Sohn lebt noch immer bei seinen Eltern, er hat es im Leben zu nichts gebracht. Die Mutter fühlt sich schuldig, sie unterstützt und umsorgt ihn. Zweifellos wird er von den Eltern abhängig bleiben, bis sie sterben, es sei denn, dass es allen dreien gelingt, sich zu emanzipieren – ein eher unwahrscheinliches Szenarium.

Ich will nicht behaupten, dass das Geben und Akzeptieren von Pflege in jedem Fall krankhaft ist – im Gegenteil. Die meisten Menschen, egal, ob Kinder, Eltern oder Ehepartner, übernehmen die Pflege aus Verantwortungsbewusstsein, aus Zuneigung und Anstand, und es gelingt ihnen, ihr Leben danach einzurichten. In einigen Fällen jedoch, pflegt man die Lieben, besonders die Kinder, aus einem unbewussten Bedürfnis heraus. Man versucht, einen Lebenszweck aufrechtzuerhalten und auch dann noch die Verantwortung zu tragen, wenn es eigentlich nicht mehr nötig ist und man längst loslassen sollte.

9 SEX

Nirgends sind die Vorurteile älteren Frauen gegenüber größer als im Bereich Sex. Wenn davon die Rede ist, dass Frauen ihr Ablaufdatum erreicht haben, dass sie nicht mehr »frisch« sind oder Ähnliches, dann zeigt sich eine traditionelle Haltung, die jüngere Frauen als begehrenswert, ältere als wertlos einordnet. Einige Männer dagegen gelten mit zunehmendem Alter, wenn das erste silberne Haar aufschimmert, als besonders attraktiv. Bei Frauen, egal, wie elegant und vornehm sie auftreten, ist das beinahe undenkbar. Man kann tun, was man will, schließlich landet man doch in der Großmutter-Kategorie: Man gilt als alt, geschlechtslos, unfruchtbar, und nur noch den Enkelkindern verpflichtet. Dass hier mit zweierlei Maß gemessen wird, kommt besonders gut in einem beliebten, leider unausrottbaren Witz zum Ausdruck: Dass ich gerade Großvater geworden bin, stört mich überhaupt nicht. Aber dass ich im Bett neben einer Großmutter liegen muss …

Die gängige Erklärung für dieses Missverhältnis lautet, dass Männer – zumindest einige – bis ins hohe

Alter zeugungsfähig sind, während Frauen nach den Wechseljahren nicht mehr fruchtbar sind. Inzwischen wissen wir, dass viele Frauen praktisch bis zum Ende ihres Lebens einen Orgasmus haben können, während Männer oft schon im mittleren Alter Potenzprobleme bekommen. Ob das auch irgendwann Teil der Gleichung wird?

Trotz alledem ist nicht zu übersehen, dass in den letzten Jahren mit vielen überkommenen Vorstellungen aufgeräumt worden ist. Eine Reihe von wissenschaftlichen Studien hat gezeigt, dass Frauen in unserer Zeit immer länger sexuell aktiv bleiben, oft bis weit in die Siebziger und Achtziger hinein. Und nicht nur das: Viele geben an, dass der Sex mit dem Alter immer besser wird. Diese Studien beziehen sich auf Frauen mit Partnern, doch auch von alleinstehenden Frauen weiß man, dass viele gern sexuell aktiv wären.

Natürlich gibt es auch genügend Frauen, die einfach »mit der ganzen Sache« abgeschlossen haben. Einige, die vielleicht aus kulturellen oder psychologischen Gründen kein zufriedenstellendes Sexualleben hatten, oder weil die Beziehung einfach nicht stimmte, zeigen sich darüber auch erleichtert. Die große Mehrheit aber, besonders unter den Alleinstehenden, machen Frauen aus, die unbewusst dem Mythos aufgesessen sind, dass in dieser Hinsicht nichts Neues mehr auf sie zukommen wird. Sie nehmen es hin, driften durch ihre späten Jahre, und nur gelegentlich gedenken sie der halb bereuten, halb vergessenen emotionalen und erotischen Turbulenzen ihrer Vergangenheit.

Gerade solche Frauen fallen manchmal aus allen Wolken, wenn sich in ihrem Leben plötzlich eine sexuelle Möglichkeit auftut, sie Liebe oder physische Anziehung spüren, die in ihrer Heftigkeit den Erregungen der Jugend in nichts nachsteht. Während ich mit einer Freundin für ein Buch recherchierte, das in Italien erschienen ist, fanden wir eine bemerkenswert große Anzahl von Frauen über siebzig, die Affären oder wilde sexuelle Abenteuer hatten. Und diese schienen offenbar viel schöner zu sein als alles, was sie in ihrer Vergangenheit erlebt hatten. Auch von den etwas Jüngeren, die wir in unserer Studie nicht berücksichtigen konnten, den Fünfzig- oder Sechzigjährigen, ist Ähnliches zu berichten.

Zweifellos ist man bis ins hohe Alter hinein zur Liebe fähig, doch die uralten Tabus, die Vorurteile, die Hemmungen und die Art unseres gesellschaftlichen Zusammenlebens haben dazu beigetragen, dass die meisten »amours« der späten Jahre im Keim erstickt werden. Doch die Gesellschaft verändert sich, die Menschen werden immer offener, immer toleranter. Viele Frauen führen lieber ein eigenes Leben, als eine unglückliche Ehe zu ertragen. Und immer mehr Frauen sind – zumindest im kleinen Kreis – bereit, über diese Dinge zu reden. Es ist ein Wermutstropfen, dass die meisten von ihnen noch heute am liebsten anonym bleiben. Denn der gesellschaftliche

Widerstand ist immer noch groß, selbst unter jenen Menschen, die sich für modern halten.

Als eine geschiedene, fünfzig Jahre alte Frau, die in diesem Buch schon zu Wort gekommen ist, ihrer Tochter erzählte, dass sie mit einem neuen Mann schläft, rief die Teenagerin: Igitt! Eine über Siebzigjährige, die die Liebe ihres Lebens gefunden hat, traut sich nicht, mit ihren Kindern darüber zu reden. Eine ältere, verwitwete Bäuerin, die ihre Liebe zu einem Jugendfreund wiederentdeckt hatte, sagte ihre Hochzeit ab, weil die Kinder sich vehement dagegen zur Wehr setzten.

Auch im eigenen Kopf findet der Widerstand statt. Meine Freundin Susanna hat mir anvertraut, dass sie trotz enormer innerer Auseinandersetzungen niemals den Mut gefunden hat, einem bestimmten Mann zu gestehen, dass sie bis über beide Ohren in ihn verliebt ist – obwohl sie seit langem vermutet, dass er durchaus auch Interesse an ihr hat. Warum? »Erstens, weil er verheiratet ist. Jeder kennt hier jeden, es könnte zu einem furchtbaren Gerede kommen. Doch was am Ende den Ausschlag gegeben hat, war, dass er wesentlich jünger ist als ich. Ich war siebzig, er nicht einmal fünfzig. Die Vorstellung, zurückgewiesen zu werden, nur weil ich eine ›alte Frau‹ bin, war mir unerträglich.« Wieder andere Frauen trauen sich einfach nicht, weil ihre Gesichter und Körper nicht mehr die sind, die sie einmal waren. Doch letztlich scheint das gar keine Rolle zu spielen. Mehrere »reife« Frauen, mit denen ich gesprochen habe, sind überzeugt, dass wabblige Arme und die nicht mehr erkennbare Taille kein Thema sind, wenn die Liebe einmal entflammt ist. Außerdem gibt es tatsächlich eine erstaunliche Menge Männer, die sich gerade von älteren Frauen angezogen fühlen.

Elfriede Vavrik ist eine der Frauen, die den Mut hatte, das Tabu zu brechen und öffentlich darüber zu sprechen. Sie ist mit ihrer bemerkenswerten Geschichte bekannt geworden, hat Fernsehauftritte gehabt und wurde in Zeitschriften porträtiert. Man mag bedenklich finden, wie sie sich verhalten hat, doch immerhin hat sie mehr dafür getan, die Tabus über den Sex im Alter aufzubrechen, als die meisten Frauen.

Elfriede Vavrik hatte mit Sex nicht viel am Hut. Sie war zweimal verheiratet, beide Ehen waren katastrophal in körperlicher und emotionaler Hinsicht. Nur einmal, während einer kurzen Affäre, hat sie etwas erlebt, das man einen Orgasmus nennen könnte. Vierzig Jahre lange schlief sie überhaupt nicht mehr mit Männern.

Drei Söhne hatte sie großgezogen, ansonsten widmete sie sich ganz ihrem sehr erfolgreichen Buch- und Schreibwarenhandel, den sie in einem Wiener Vorort betrieb. Als sie sich mit neunundsiebzig endlich zur Ruhe setzte, stürzte sie in eine fürchterliche Krise – sie litt unter extremer Schlaflosigkeit. »Ich dachte, ich werde verrückt!«, sagt sie. »Ich wurde depressiv.

Ich hatte nichts zu tun, ich hatte niemanden. Und ich konnte nicht schlafen.«

Als sie es nicht mehr ertrug, ging sie zum Arzt. Sie erzählte ihm von ihren Schlafstörungen und gestand ihm verlegen, dass sie nur einschlafen könne, wenn sie sich selbst »berühre«. Ihr Arzt erklärte, er könne ihr zwar Schlaftabletten verschreiben, bessere Heilung verspräche aber eine andere Methode: Sex.

»Aber ich bin doch eine Greisin!«, rief sie. »Ich werde achtzig!«

»Natürlich sind Sie nicht mehr die Jüngste, aber es gibt Männer, denen sexueller Kontakt mit Damen Ihres Alters gefällt ...«

»Und wo soll ich bitteschön einen Mann finden?«, fragte sie ungläubig.

Der Arzt schrieb ihr ein harmloses Kräutermittel auf und überreichte es ihr mit den Worten: »Überlegen Sie es sich mit den Männern. Sie könnten ja eine Kontaktanzeige aufgeben.«

Die Kräuterpillen halfen nicht. Schließlich war Elfriede so verzweifelt, dass sie ihren ganzen Mut zusammennahm und die Nummer eines örtlichen Anzeigenblattes wählte. Sie diktierte ihren Text und machte sich zehn Jahre jünger. »Es war sehr schwer. Ich war voller Hemmungen, ich musste mich überwinden ...«

Innerhalb nur weniger Tage erhielt sie Hunderte Antworten. Und sie bekam immer noch Briefe, als sie wenig später ein zweites Inserat schaltete – mit ihrem wahren Alter. Geduldig sortierte sie die Briefe, die meisten warf sie weg. Die Männer, die sie interessant fand, rief sie an. Wenn ihr gefiel, was sie hörte, verabredete sie sich mit ihnen in einem Café. Sie sah sich die Männer an, plauderte ein wenig. Wenn ihr einer sympathisch war, lud sie ihn ein, sie in ihre kleine Zweizimmerwohnung in Laxenburg zu begleiten. Den anderen gab sie höflich zu verstehen, dass es nicht passte.

In den ersten vier Monaten kamen etwa fünfzig Männer in ihre Wohnung. Sie machte sexuelle Erfahrungen, die für sie – wie für die meisten Frauen ihres Alters – noch vor kurzer Zeit undenkbar gewesen waren.

Die Männer waren zwischen siebzehn und sechzig. Von einigen war sie enttäuscht, von anderen überrascht. Die meisten waren ziemlich jung, und bald schon begann sie, die über Fünfzigjährigen – aufgrund ihrer Potenzprobleme – auszusortieren. Am Anfang war sie sehr unerfahren, doch sie lernte schnell.

Elfriede hat ein freundliches Aussehen, sie ist weder groß noch klein, hat weißes Haar und eine gedrungene, ihrem Alter entsprechende Figur. Es macht Spaß, sich mit ihr zu unterhalten. Sie ist voller Humor und Selbstvertrauen, sie lacht viel und gern. Doch hinter ihrer geselligen Art versteckt sich ein Widerwille gegen jegliche Art von emotionaler Nähe. Der Ausdruck »Keine Bindungen« in ihren Inseraten fällt direkt ins Auge und entspricht wohl auch ihrer Lebenseinstellung: Sie hat keine engen Freunde, sagt sie, sucht keinen Kontakt zu Nachbarn und schätzt es sehr, in Ruhe gelassen zu werden. Die meisten Männer hat sie nicht wiedergesehen, auch wenn sie dem ein oder anderen Rat gegeben, sogar Trost gespendet und sich eigentlich gerne mit ihnen unterhalten hat. Sie hat sich fest vorgenommen, keine Beziehungen einzugehen.

Trotzdem verliebte sie sich einmal. Er hieß Gerald, war vierzig Jahre alt und verheiratet. Er war voller Lebenskraft, großherzig, spontan, er gab ihr Dinge, »von denen ich erst jetzt entdeckte, dass ich eigentlich schon immer Anspruch darauf gehabt hätte, und die mir meine Ehemänner vorenthalten hatten. Er gab mir dieses unvergleichliche Gefühl, dass alles gut war und bleiben würde, und wenn etwas nicht gut war, würde es gut werden.« Trotzdem wollte sie sich auf keinen Fall auf eine Beziehung einlassen. »Ich musste mich schützen. Liebeskummer wäre Zeitverschwendung gewesen. Dafür fühlte ich mich zu alt.«

Um das Problem in den Griff zu bekommen, nahm sie sich neben Gerald drei weitere Liebhaber. Es waren Männer, die sie mochte und die sie gern wiedersah. Alle, auch Gerald, wussten, dass sie nicht die Einzigen waren. Inzwischen kamen auch keine Briefe mehr, sie inserierte nicht mehr und lud auch keine neuen Männer mehr ein.

Elfriede war wie neugeboren. Sie hatte alle ihre Hemmungen abgelegt. »Wenn ich mir am Morgen die Zähne putze, sehe ich immer in den Spiegel. Es klingt vielleicht verrückt, aber für mein Gefühl bin ich in den besten Jahren. Es ist nicht zu übersehen, dass ich alt bin. Während ich aber früher manchmal richtig verstört gewesen war, wenn ich mein Spiegelbild unversehens in einem Fensterglas oder einem Kaufhausspiegel sah, bin ich jetzt viel mehr eins mit meiner Erscheinung. Ich gefalle mir. Ich mag mich. Ich finde mich attraktiv. Ich sehe aus wie eine lebendige, neugierige Frau. Ich habe etwas, das den Männern gefällt.«

Noch einmal kämpfte sie mit Zweifeln und Hemmungen – als sie ihr Buch »Nacktbadestrand« schrieb. Sie erzählt darin mit großer Liebe zum Detail von ihren erotischen Begegnungen mit verschiedenen Männern. Zusätzlich hat sie als Zwischenkapitel fiktive erotische Fantasien eingefügt, die ebenfalls an Detailtreue nichts zu wünschen übrig lassen. Ihre größte Sorge bei der ganzen Sache war, dass ihre Söhne schockiert sein könnten. Lange zögerte sie, bevor sie ihnen von ihren Abenteuern erzählte. Doch dann stellte sie überrascht und erleichtert fest, dass ihre Söhne begeistert waren! »Mutti, du bist ja super!«, rief einer von ihnen. Ein anderer half ihr gleich dabei, einen Verlag zu finden.

Das Buch entwickelte sich zu einem Bestseller. Elfriede wurde von einer Talkshow zur nächsten weitergereicht und gab zahllose Interviews. Die Filmrechte wurden verkauft. Das Buch hatte eine regelrechte Debatte losgetreten. »Die jüngeren Frauen waren begeistert«, sagt sie. »Die Besitzerin meiner Konditorei ist mir um den Hals gefallen. Gott sei Dank, dass es eine Frau gibt, die sich traut, über so etwas zu schreiben!, rief sie. Die jungen Verkäuferinnen in der Apotheke haben mich angestrahlt. Aber die älteren Nachbarinnen hier... Ich glaube, sie können das nicht verstehen.«

Auch unter den Kritikern gingen die Meinungen auseinander. Was die einen für offen, ehrlich, inspirierend hielten, »ein absolutes Vorbild an Lebensfreude und Lust, an Offenheit und Unverklemmtheit«, war für andere nur »billige Alterspornografie«. Die einen bezeichneten es als »poetisch, verzaubernd, direkt«, die anderen fanden es schamlos, abstoßend, verlogen, »extrem obszön und teilweise pervers«. Doch wie auch immer die Leser und Kritiker dazu standen, alle lobten Elfriedes Mut. Kein Zweifel, sie hatte ganz neue Wege beschritten.

Am interessantesten an der ganzen Angelegenheit war vielleicht, dass der Arzt am Ende recht hatte: Es gibt sehr viele Männer, die sich von älteren Frauen angezogen fühlen. Elfriede schätzt, dass es mindestens zehn Prozent sind. Vielleicht werden Sexualforscher eines Tages wissenschaftlichere Erhebungsmethoden finden, um diese Zahlen zu bestätigen. Bestimmt, meint Elfriede dazu, und betont, dass von Perversion keine Rede sein kann: »Es ist eine Neigung und nicht eine Krankheit«, sagt sie.

Ihre Erfahrungen haben ihr ganzes Leben umgekrempelt. Sie hat mit dem Buch viel Geld verdient, und sie hat bereits das nächste geschrieben. Doch ihren Lebensstil will sie nicht ändern. Sie wird weiterhin in ihrer kleinen Wohnung leben. Und sie hat mehr als genug Geld, um sich in den letzten Jahren die beste Pflege zukommen zu lassen.

Elfriede kann wieder schlafen.

Eher zufällig stieß Elfriede Vavrik auf eine Möglichkeit, mit neunundsiebzig etwas nachzuholen, das in ihrem Leben gefehlt hatte. Damit ist sie nicht allein. In einem beeindruckenden Film der jungen Regisseurin Saara Aila Waasner werden drei Prostituierte mittleren Alters vorgestellt. Zwei von ihnen haben mit fünfzig bzw. einundfünfzig Jahren erst angefangen. Keine fühlte sich aus finanziellen Gründen gezwungen, diese Arbeit zu machen. Sie reagierten einfach auf die bedrückenden Umstände, die den ersten Teil ihres Lebens beherrscht hatten. Und beide hatten die Prostitution scheinbar als eine Form der Befreiung erlebt.

Christa, die im Film achtundfünfzig Jahre alt ist, führt die Berufswahl auf ihre frühere Krankheit zurück. Sie war lange manisch-depressiv, hatte kein Interesse an Sex, sie wusste kaum, was Lust ist. Alles, was mit Sex zu tun hatte, stieß sie ab, es war nur eine »Dienstleistung am Ehemann«.

Ein Psychologe ermunterte sie zu experimentieren. »Ich habe mir selbst beigebracht, wie ein Orgasmus funktioniert … Ich ließ nicht locker und habe so lange probiert, bis es mir gelang.« Da war sie neunundvierzig. Es erfüllte sie mit Glück und mit Stolz. Jetzt musste sie nur noch Männer finden, mit denen sie Sex haben konnte. So kam sie auf die Idee, es mit Prostitution zu versuchen. Anfangs glaubte sie, man müsse jung sein, um als Prostituierte eine Chance zu haben. »Aber als ich gemerkt habe, dass so viele nette, intelligente junge Männer dabei waren, habe ich angefangen umzudenken, selbstsicherer zu werden. Ich habe gemerkt, dass es eine beachtliche Nachfrage gibt nach älteren Frauen … Jetzt bin ich in dem Alter, wo ich Sex genieße wie eine Zwanzigjährige,« erklärt sie im Film.

Karolina, eine große, schlanke Domina, hatte unter einem extrem konservativen, sterilen, weltfremden Familienleben und einer sehr dominanten und strengen Mutter gelitten. Ihr Leben war ein enges, graues Gefängnis, es war wie der Hinterhof, den sie von ihrem Kinderzimmer sehen konnte – umgeben von hohen, kahlen Mauern, die ein winziges Stück Himmel freigaben. Schon als Teenager träumte sie davon, eines Tages hinauszugehen und die Welt zu sehen, doch ihre Mutter meinte: »Träume erfüllen zu wollen ist unbescheiden – so was gehört sich nicht.« »Das sitzt verdammt tief«, sagt die inzwischen Vierundsechzigjährige im Film. Sex hat in ihrer Jugend eine wichtige Rolle gespielt, er gab ihr »eine Ahnung eines eigenen Lebens«. Den Wunsch, sexuell zu dominieren, hatte sie schon lange, er sei eigentlich immer schon da gewesen, erzählt sie. »Aber ich habe mich so viele Jahre nicht getraut, es auszuleben.« Fast fünfundzwanzig Jahre war sie verheiratet, wenige Tage vor der Silberhochzeit reichte sie die Scheidung ein. Erst jetzt traute sie sich, ihrem Leben diese Wendung zu geben. Sie hat immer noch ein sehr gutes, vertrauensvolles Verhältnis zu ihrer Familie, ihre Kinder waren sogar bereit, mit ihr im Film aufzutreten.

Die dritte Frau, Paula, ist neunundvierzig und führt ein Bordell. Schon seit ihrer Kindheit in der DDR ist sie »im Geschäft«. Sie ist reingerutscht, sagt sie, und hat sich auf diese Weise ein paar Westmark verdient. Auch sie hatte einige psychische Narben. In der DDR litt sie unter den beschränkten Reisemöglichkeiten. Als sie versuchte, im Kofferraum eines Freundes in den Westen zu fliehen, wurde sie entdeckt und landete im Gefängnis. »Es hat mich insgesamt neuneinhalb Jahre gekostet«, erklärt sie. Sie verbringt viel Zeit damit, am benachbarten Flughafen die startenden und landende Flugzeuge zu beobachten, und träumt davon, eines Tages selbst ins Blaue hinauszufliegen.

Der Film zeigt, dass in allen drei Fällen die Prostitution eine bestimmte Lebensphase darstellt. Christa heiratete schließlich einen Mann, den sie einige Monate zuvor im Internet kennengelernt hatte. Sie war gerade dabei, ihre Aktivitäten auslaufen zu lassen. Karolina schloss ihr Studio und wollte »etwas völlig anderes« machen – tätowieren. Paula, die ein zweites Bordell eröffnet hatte, sparte darauf, sich ihren größten Traum zu erfüllen. Sie rechnete aus, dass sie in etwa anderthalb Jahren genug Geld zusammenhaben würde, um den Rest ihres Lebens irgendwo ganz anders verbringen zu können, an einem schönen, exotischen Ort – in Thailand, Bali oder sonstwo.

10 AUF DER SUCHE

Sissis Café lief ausgezeichnet, wie ich erleichtert feststellte. Sie hatte eine Menge Arbeit hineingesteckt, gerade die Organisation kostete mehr Kraft, als erwartet. Der Garten hinter der alten Werkstatt sah sehr hübsch aus, sie vermietete ihn für private Veranstaltungen. Bei Regen konnten die Gäste ins Café ausweichen. Freunde ihres Sohns und andere, die Jacek eingeführt hatte, gaben kleine Konzerte, und sie überlegten, ob sie regelmäßig Konzertabende veranstalten wollten. Sissi kümmerte sich um die nötige Erlaubnis. Ich wollte mit ihr sprechen, aber sie hatte kaum Zeit. Wenn ich sie traf, drängte ich sie, endlich jemanden einzustellen, der sie entlasten könnte. Doch sie zögerte noch, sie wollte ganz sicher sein, dass das Café genug abwerfen würde, um einen weiteren Mitarbeiter zu bezahlen.

Sie sah blendend aus. Ihr Plan schien aufzugehen, denn sie hatte kaum mehr Zeit, über ihre Ehekatastrophe nachzudenken. Ihr Erfolg beim Aufbau des Geschäfts gab ihr neues Selbstvertrauen. Sie arbeitete hart und war mit sich selbst im Reinen.

Als ich eines Tages im Café vorbeischaute, war sie ausgesprochen gut gelaunt, sie strahlte beinahe.

»Hey Sissi, du siehst ja toll aus!«, rief ich. »Warst du gerade bei deiner Kosmetikerin?«

»Was viel Besseres«, antwortete sie. Sie sprang auf und bediente einige Kunden, die gerade hereingekommen waren. Dann machte sie sich einen Kaffee und setzte sich zu mir. »Du wirst es nicht glauben«, flüsterte sie, »ich habe einen neuen Mann gefunden …!«

»Fantastisch! Erzähl …«

»Du kennst ihn nicht. Er wohnt in München. Er ist Architekt, offenbar ein sehr guter, er ist für ein paar Monate hier, um einen ultramodernen Schulkomplex zu planen. Er ist immer wieder hier vorbeigekommen, manchmal mit einem Team, manchmal war er allein. Wir haben uns hin und wieder unterhalten, dann immer öfter, beinahe täglich … Dann hat er mich zum Essen eingeladen. Eins führte zum anderen, und so …«

»Wie großartig, ich freue mich so für dich, Sissi! Sieht er gut aus? Ist er verheiratet?«

Da war es mit Sissis Lächeln vorbei. »Ja, er sieht ziemlich gut aus. Nicht filmstarmäßig gut, aber charmant, auf eine schelmische Art. Und ja, leider, er ist verheiratet. Er hat eine Frau zu Hause und Kinder, die noch zur Schule gehen. Er sagt, dass in seiner Ehe nichts mehr läuft, er bleibt nur noch wegen der Kinder. Aber ich bin mir da nicht so sicher.«

»Hmm, ja, das sagen sie natürlich immer. Aber ist doch egal, genieß es einfach, wenn er hier ist. Eine hübsche kleine Affäre solltest du dir auf jeden Fall leisten, du hast so viel gearbeitet, und die Sache mit Dirk liegt ja auch noch nicht so weit zurück. Du warst so schockiert, als er dich verlassen hat.«

»Du hast recht«, sagte sie und fügte leise hinzu: »Übrigens ist der Sex fantastisch, es ist, als wäre ich von den Toten auferstanden. Ich habe wirklich gedacht, dass all das längst vorbei ist für mich. Ich war bei der Gynäkologin, ich habe überhaupt keine Probleme mehr, es tut nicht weh. Ich bin ein bisschen verrückt nach ihm, ich muss mich richtig beherrschen. Sobald es irgendwo klingelt, suche ich das Telefon. Falls er es ist. Die ganze Zeit sehe ich zur Tür, ob er nicht gerade reinkommt.«

»Sei vorsichtig, Sissi«, sagte ich und kam mir wie eine besorgte Mutter vor. »Du musst aufpassen, dass er dir nicht wehtut.«

»Ich weiß«, antwortete sie. »Aber es ist so schön, ich muss es wohl einfach riskieren.«

Welche Frau sucht nicht nach den Spuren des Alterns, wenn sie in den Spiegel schaut? Wie oft ziehen Frauenhände, die auch nicht mehr die jüngsten sind, die Gesichtshaut in Richtung Ohren, wie oft glätten sie die Stirn? So ist es doch viel schöner, sagen die Besitzer dieser Gesichter, fast so schön wie vor zwanzig Jahren. Soll ich mich liften lassen, soll ich mir die Lippen aufspritzen lassen? Wie wär es mit ein bisschen Botox hier und hier und da? Wär das nicht schön? Man könnte die Jahre vergessen machen … Vielleicht kann ich es mir irgendwann leisten.

Die Versuchung ist groß. Viele Prominente sehen auch im Alter noch fantastisch aus. Wir brauchen es ihnen ja nicht zu glauben, wenn sie behaupten, dass alles Natur ist. Einige sind ja auch ehrlich genug, Jane Fonda zum Beispiel. So wollen wir auch aussehen, denken wir heimlich. Hinter den besorgten Gesichtern in unseren Badezimmerspiegeln verbirgt sich Verwirrung, ein Dilemma, selbst wenn wir zu denen gehören, die immer geglaubt haben, dass Äußerlichkeiten nicht so wichtig sind.

Die meisten von uns haben inzwischen verstanden, dass Jugend und Schönheit nicht die wichtigsten Dinge im Leben sind, auch nicht für Frauen. Unsere Generation hat gelernt, dass harte Arbeit, Talent, Bildung und Unabhängigkeit, selbstverständlich auch die Familie und der Freundeskreis, viel wichtiger sind. Wir haben gelernt, uns nicht über das Aussehen zu definieren. Außerdem sind es längst nicht nur diese Äußerlichkeiten, die uns für Männer attraktiv machen. Der Charakter, die Persönlichkeit ist mindestens ebenso entscheidend. Wir wollen ja geliebt und respektiert werden für das, was wir sind. Es wäre dumm, sogar verwerflich, wenn eine Frau – mit Ausnahme vielleicht von Schauspielerinnen, Sängerinnen oder Models, deren Aussehen schon aufgrund ihres

Berufs eine Rolle spielt – auf ihr Äußeres setzt, um im Leben das zu bekommen, was sie will. Unsere Eltern haben uns mit auf den Weg gegeben, dass wir »in Würde altern« sollen. Das sollte wohl bedeuten, dass man sich nicht auflehnt gegen das, was da kommen mag. Es gibt ja auch die ein oder andere bekannte Schauspielerin, die behauptet, dass sie sich nie operieren lassen würde. Alles, was sie erlebt haben, sagen diese Frauen, hat Spuren in ihren Gesichtern hinterlassen, sie akzeptieren es und sind stolz darauf. (Man fragt sich natürlich, was passieren wird, wenn sie keine Rollenangebote mehr bekommen.)

Selbst wenn wir uns ein Leben lang kaum darum geschert haben, bekümmert es uns doch, wenn wir die Spuren des Alters in unseren Gesichtern entdecken, manchmal treibt es uns gar zur Verzweiflung. Nicht aus Eitelkeit, sondern weil unser Wohlbefinden damit verbunden ist. Es beeinträchtigt unser Selbstvertrauen, wenn wir erkennen, dass unsere Schönheit dahin ist. Sissi kann ein Lied davon singen. Von allen Seiten werden wir ständig mit der Botschaft bombardiert, dass Schönheit eben doch zählt. Wir werden immer älter und wollen dabei auch noch gut aussehen, wir wollen so aussehen, wie wir uns fühlen: Das Gesicht, das wir aus dem Spiegel kennen, reflektiert nicht unser wahres Selbst. Also kaufen wir teure Cremes, melden uns im Sportstudio an, hungern uns schlank und spielen mit dem Gedanken, uns liften zu lassen.

»Jede Frau, egal welche Vorgeschichte sie hat, reagiert körperlich und emotional sehr stark auf die äußeren Veränderungen, die das Alter mit sich bringt«, schreiben Vivian Diller und Jill Muir-Sukenick, zwei ehemalige Models, die heute als Psychologinnen arbeiten, in ihrem Buch »Face it: What women really feel as their looks change«. »Die Tatsache, dass sich unser Aussehen verändert, hat immer eine gewisse Ambivalenz zur Folge. Dabei spielt es keine Rolle, wie viel Wert eine Frau auf ihr Äußeres legt. Nichts ist im Leben vorhersehbarer als die Tatsache, dass wir älter werden. Jede Frau stellt irgendwann fest, dass sie ihr jugendliches Äußeres verloren hat. Und trotzdem löst die Erkenntnis immer eine gewisse Krise aus.« Ein komplizierter psychologischer Prozess kommt in Gang, an dessen Ende oftmals die Fragen stehen: Wer bin ich eigentlich? Was soll aus mir werden?

Diller und Muir-Sukenick kommen aufgrund von Umfragen und den Erfahrungen mit ihren Patientinnen zu dem Ergebnis, dass die Frauen von heute ihr Gleichgewicht verloren haben. Nicht zuletzt deswegen, weil sie die Bedeutung von Schönheit nicht mehr einschätzen können: Ist es wichtig, wie ich aussehe? Oder doch nicht? Sollte es mir etwas bedeuten? Oder nicht? »Einerseits lehnen wir es ab, als Objekt der Begierde, als sexuelles Fantasieobjekt betrachtet zu werden, andererseits wollen wir attraktiv sein. Wir suchen Trost in dem Satz, dass die Schönheit im Auge des Betrachters liegt. Doch die Welt, in der wir leben, verbietet uns zu altern. Unser Aussehen ist eine Art Währung, es verleiht Macht und Anerkennung in der modernen Welt.

Nicht nur die Medien verbreiten ständig, dass Menschen sehr positiv auf Schönheit reagieren, auch die Wissenschaft hat dies längst bestätigt. Es ist ein Urinstinkt, der mit dem Überleben unserer Art zu tun hat. Man braucht kein Historiker zu sein, um festzustellen, dass Frauen zu allen Zeiten, in allen Kulturen, versucht haben, ihre Attraktivität durch Schmuck, Kleider, Salben und magische Säfte zu steigern, ein Phänomen, das in unserer modernen Zeit grotesk übersteigert worden ist.

1974 feierte Gloria Steinem, eine der bekanntesten Frauenrechtlerinnen, in aller Öffentlichkeit ihren vierzigsten Geburtstag. In einer Zeit, in der ein vierzigster Geburtstag beinahe als Schande behandelt wurde, die es zu verstecken galt, war dies ein mutiger Schritt. Als ihr jemand gratulierte mit dem Kompliment, dass sie gar nicht wie vierzig aussehe, antwortete sie nur: So sieht heutzutage vierzig aus. Es war eine erfrischende Sichtweise in jener Zeit, viele Frauen fühlten sich ermutigt, ihr wahres Alter nicht länger zu verschweigen. Gloria, die inzwischen Ende siebzig ist, scheint es gelungen zu sein, auf ehrliche Weise auch mit ihrem Alter umzugehen. Auf Fotos sieht sie immer noch sehr gut aus, aber ihr Alter sieht man ihr, nicht zuletzt wegen der grauen Haare, definitiv an.

Trotz der Fortschritte, die wir im Laufe der feministischen Bewegung gemacht haben, versuchen bis heute Millionen von Frauen, ihr Alter zu verbergen. So berichtet die Gesellschaft für Ästhetische Chirurgie, die größte Vereinigung ihrer Art in Deutschland, dass ihre Mitglieder im Jahr 2009 171 000 Operationen durchgeführt haben, zwanzig Prozent mehr als im Jahr zuvor. Es waren laserchirurgische Eingriffe im Gesicht, Fettabsaugungen, Brustvergrößerungen, Brustverkleinerungen sowie 145 711 Faltenbehandlungen, eine fünfzigprozentige Steigerung. (Ein kleiner, aber wachsender Anteil dieser Behandlungen wurde an Männern ausgeführt.) In den USA unterzogen sich 2010 9,3 Millionen Frauen einer Schönheitsoperation, eine Steigerung um 9 Prozent gegenüber 2009. Kurz vor Beginn der Wirtschaftskrise waren es sogar über zehn Millionen. Eine weitere Statistik: Seit 1997 hat die Zahl nicht-chirurgischer kosmetischer Behandlungen – Falten- und Lippenbehandlungen – um 754 Prozent zugenommen. Bezahlt haben dies alles die Patientinnen aus eigener Tasche.

Aufgrund ihrer eigenen Erfahrung als Models haben Dillon und Muir-Sukenick eine besondere Perspektive auf die emotionalen Probleme, die entstehen können, wenn Frauen ihr jugendliches Aussehen verlieren. Als Psychologinnen und Psychotherapeutinnen wissen sie auch, dass eine Frau sich nur dann attraktiv findet, wenn ihr Äußeres mit dem inneren Selbstbild übereinstimmt. (Der Fall der Österreicherin Elfriede Vavrik, die mit über achtzig, als sie ihre sexuelle Erfüllung gefunden hatte, endlich ihr Aussehen akzeptierte, wäre bestimmt interessant für sie.) Die Lösung, die sie vorschlagen, besteht nicht in drastischen Operationen, auch wenn sie bestimmte Eingriffe nicht grundsätzlich ablehnen. Natürlich sind auch Resignation oder Verwahrlosung keine Alternativen. Stattdessen plädieren sie für einen psychologischen Ausgleich zwischen einer Wertschätzung des Aussehens und dem Bewusstsein, dass äußere Veränderung zum Altern dazugehört.

Aus der so gewonnenen Balance entstehen Akzeptanz und Zufriedenheit. Zuerst sollten Frauen versuchen, in den »Augenblicken der Wahrheit« ihre Verwirrung zu verstehen, ebenso wie die Mechanismen der Abwehr und Selbstverleugnung, die zum Einsatz kommen. Sie raten, bis weit in die Kindheit zurückzukehren, um nach den Erfahrungen zu suchen, die direkt oder indirekt beeinflusst haben, wie sie über Schönheit und über ihr eigenes Aussehen denken: Was haben zum Beispiel die Eltern gesagt? Wie sind sie selbst mit dem Thema umgegangen? Und wie die anderen Kinder? Ein Wort wie »Pummelchen« kann aus dem Unterbewusstsein heraus das Selbstbild einer Frau für den Rest ihres Lebens beeinflussen, selbst, wenn sie längst nicht mehr pummelig ist. Auch die Teenagerjahre, eine besonders diffizile Übergangsphase, dürfen nicht außer Acht gelassen werden. Ebenso spielt auch das Verhältnis zur eigenen Mutter eine entscheidende Rolle. Frauen müssen lernen, ihre eigenen, tief verwurzelten Vorstellungen zu verstehen. Wer glaubt, der Ehemann halte sie nicht mehr für attraktiv, findet sich selbst oftmals nicht attraktiv. Die eigenen Gefühle werden auf den Mann übertragen. Man sollte also versuchen, sich von den fixen Ideen der eigenen Geschichte – vor allem der Jugend – zu befreien und sein Äußeres so zu akzeptieren, wie es ist.

Es geht im Bereich der äußeren Schönheit nicht darum, in der letzten Lebensphase eine Art Neustart hinzulegen. Seine Schönheit, seine jugendliche Ausstrahlung, gewinnt man ohnehin nicht zurück. Es ist auch nicht nötig, die Veränderung so weit wie möglich hinauszuschieben, wie es Schauspielerinnen, Sängerinnen und andere Prominente mal mit größerem, mal mit geringerem Erfolg versuchen. Es müsste genügen, sich und sein Äußeres zu akzeptieren und in Zufriedenheit damit zu leben.

Wie dies zu bewerkstelligen ist, kann man trotz des Jugendkults, den unsere gesamte Gesellschaft erfasst hat, überall finden. Intelligent gemachte Zeitschriften wie Brigitte Woman bemühen sich um die Belange von reifen Frauen. Selbst die Vogue veröffentlicht einmal im Jahr – im traditionell auflageschwachen Monat August – ein Heft, das speziell auf reife Frauen zugeschnitten ist. Wer es durchblättert, stellt erfreut fest, dass man auch mit Ende neunzig noch sehr elegant aussehen kann. Wer Rita Levi-Montalcini, eine der elegantesten Frauen Italiens, je einmal erleben darf, benötigt für diese Einsicht nicht einmal ein Hochglanzmagazin. Nachdem die Mode vor nicht allzu langer Zeit noch von hauchdünnen, halb durchsichtigen Stoffen dominiert war, von lächerlichen Entwürfen, die nichts der Fantasie überließen, haben inzwischen viele Designer einen Weg gefunden, auch ältere Frauen elegant in Szene zu setzen. Die italienische Marke Marina Rinaldi wendet sich, offenbar mit großem Erfolg, ausschließlich an Frauen mit runderen Formen. Eine Freundin von mir hat einmal gesagt: »Wenn ich nicht mehr schön sein kann, dann bin ich eben elegant.« Ich halte das für eine ausgezeichnete Einstellung.

Ari Seth Cohen, ein junger amerikanischer Fotograf, verbringt seine Zeit damit, durch New York zu spazieren und besonders elegante ältere Menschen zu fotografieren. Cohen schreibt in der Einleitung seines Blogs Advanced Style: »Man soll die Älteren achten. Vielleicht lernen Sie von diesen Damen und Herren, wie Sie Ihr Leben voll auskosten können. Advanced Style beweist, dass man im Alter nicht nur weiser wird, sondern oft auch stilsicherer.« Einiges, was Cohen vorstellt, ist für den Geschmack europäischer eleganter Damen etwas zu bunt und schrill, einiges wirkt regelrecht exzentrisch. Aber vieles ist auch richtig schick. Den Kommentaren der Blogbesucher nach zu urteilen inspiriert die Sammlung auf jeden Fall eine Menge älterer Menschen – nicht nur in Amerika. Es gibt also einiges, worauf man sich freuen kann. Versuchen Sie es doch einmal mit Eleganz. Oder mit Exzentrizität. Warum eigentlich nicht? Warum nicht gleich?

11 LIEBE

Sex ist die eine Sache, aber Liebe ist eine ganz andere. Man kann sie nicht ein- und ausschalten, wie es einem passt. Ungeachtet der Vorstellungen, die einige Jüngere hegen, kann man sich auch noch mit fünfzig, sechzig oder neunzig neu verlieben. Vor dreißig Jahren war es mir ein absolutes Rätsel, wie sich meine Mutter in den alten Mann verlieben konnte, für den sie meinen Vater verließ. Heute schäme ich mich dafür, dass ich an ihr gezweifelt habe. Meine italienische Kollegin und ich haben herausgefunden, dass ältere Menschen relativ häufig ihre Jugendlieben wiederentdecken. Das liegt sicher zum Teil an den Gemeinsamkeiten, den gemeinsamen Erfahrungen und Erinnerungen, über die sie sprechen können. Doch noch ein weiterer Faktor scheint eine Rolle zu spielen. Eine Psychologin hat festgestellt, dass viele ältere Menschen in diesen Situationen eine Art »zweifachen Blick« entwickeln. Sie sehen sich und den Partner so, wie sie heute sind, und gleichzeitig so, wie sie in ihrer Jugend waren.

Ein Beispiel dafür ist Sarah. Sie war achtundfünfzig,

als es ihr passierte. Sie war verheiratet, hatte aber keine Kinder, und arbeitete als Bürovorsteherin in einer führenden Hamburger Anwaltskanzlei. Ihr Leben gefiel ihr, sie war zufrieden mit sich, mit ihrem Eheleben, mit ihrem Beruf. Ihre Vorgesetzten waren freundlich, ihre Kollegen umgänglich, sie ging gerne zur Arbeit. Sie war mit einigen wenigen Schulfreunden in Kontakt geblieben, hatte aber nicht ein einziges Klassentreffen mitgemacht. Als aber das dreißigjährige Abiturjubiläum groß gefeiert werden sollte, wollte sie sich das nicht entgehen lassen.

Das Treffen fand auf einem großen Bauernhof außerhalb von Hamburg statt, der einem der Klassenkameraden, Franz, gehörte. Er hatte den Hof geerbt und lebte dort mit seiner Familie. Das Land war verpachtet, Franz, der bei einer Hamburger Computerfirma arbeitete, hatte weder Lust noch Erfahrung, einen Hof zu führen. Seine Frau Bea und er erwiesen sich als sehr freundliche, herzliche Gastgeber. Fünfzehn Ehemalige waren gekommen, einige von weither. Einer war sogar aus Paris angereist.

Als Sarah ankam und die anderen begrüßte, hatte sie ein mulmiges Gefühl. Den anderen erging es sicherlich genauso. Einige hatte sie dreißig Jahre nicht gesehen. Sie sah die älter gewordenen Gesichter, das angegraute Haar und grub in ihrer Erinnerung. Was sich kaum geändert hatte, waren die Charaktereigenschaften, auch die Gesten, das Lächeln. Trotzdem hatte Sarah andere, neue Menschen vor sich. Was die Zeit aus ihnen gemacht hat und wohl auch aus mir…, dachte sie. Sie sah sich selbst immer noch als Dreißigjährige, ihr unbewusstes Selbstbild stammte aus einer anderen Zeit. Deshalb war es alles andere als selbstverständlich für sie, sich selbst – in dieser merkwürdigen Umkehrung – als eine Frau zu sehen, die auf die fünfzig zuging. Die Begegnung mit ihren alten Klassenkameraden war ein Schock.

Kaum zu fassen, dass der Verrückteste, Wildeste unter ihnen längst ein bekannter Chirurg war. Dass die Klügste, der man eine brillante Karriere vorausgesagt hatte, das Studium aufgegeben hatte, um zu heiraten. Sie hatte fünf Kinder und war dick geworden, schien aber mit sich und der Welt im Einklang.

Eine Zeitlang machte es Spaß, sich gegenseitig auf den neuesten Stand zu bringen und über die alten Zeiten zu plaudern, doch nach einer Weile ließ Sarahs Interesse daran nach. Sie genoss es, im Garten des Bauernhauses zu sitzen und Kaffee zu trinken. Und sie verstand sich gut mit zwei oder drei der ehemaligen Klassenkameraden, mit denen der Kontakt nie ganz abgerissen war. Doch ansonsten war es schwierig, das Gespräch aufrechtzuerhalten, die anfängliche Neugier an den verschiedenen Lebensgeschichten war bald erschöpft. Sie suchte schon nach einer Ausrede, um nicht an der Tour durch die neue Hafenstadt teilnehmen zu müssen, die für den zweiten Tag geplant war.

Am Abend fuhren sie gemeinsam zu einem netten

Landgasthof, wo sie dreißig Jahre zuvor ihr Abitur gefeiert hatten. »Es stoßen noch ein paar dazu, die nicht früher konnten«, kündigte Franz an. Und tatsächlich, als sie zu dem Gasthof kamen, saßen dort schon drei Klassenkameraden, einer von ihnen war … oder … tatsächlich … Yuri! Sarahs Herz machte einen kleinen Sprung. Yuri, ihre erste Liebe, wirkte kräftiger, breiter als früher, sein wildes Haar war von grauen Strähnen durchsetzt. Er stammte aus einer Spätaussiedlerfamilie und war erst mit sechzehn, nachdem die Familie die Sowjetunion verlassen durfte, in die Klasse gekommen. Er sprach ein etwas altmodisches und gelegentlich fehlerhaftes Deutsch, er war immer zu Streichen aufgelegt und hatte keine Lust, sich anzupassen. Vor allem aber war er sehr intelligent, wie ein Schwamm sog er alles auf und schaffte das Abitur mit den allerbesten Noten. In den letzten beiden Schuljahren waren Yuri und Sarah unzertrennlich gewesen. Ihre Eltern sahen in ihm den Sohn, den sie nie gehabt hatten. Nach dem Abitur trampten sie einen ganzen, wunderschönen Sommer lang durch Italien. Und im folgenden Herbst verließ Yuri Deutschland, um an der Yale University zu studieren, wo er ein Stipendium bekommen hatte.

Ein paar Jahre schrieben sie sich noch. Einmal kam er im Sommer nach Deutschland, um seine Eltern zu besuchen, die aber bald darauf ebenfalls nach Amerika zogen. Die Briefe wurden immer spärlicher. Sie waren beide mit ihrem Studium beschäftigt, hatten neue

Freunde, verliebten sich. Irgendwann brach der Kontakt ganz ab. Über verschiedene Ecken hörte Sarah, dass er für einige große amerikanische Firmen arbeitete, dass er verheiratet war und eine Familie hatte. Auch sie heiratete, die Erinnerung an Yuri, ihre Jugendliebe, begann zu verblassen.

Und warum zitterte jetzt ihre Hand? Warum klopfte ihr das Herz bis zum Hals? Warum fehlte dem, was sie sagte und was sie tat, auf einmal jede Selbstverständlichkeit? Was um Himmels willen war da los?

Beim Essen saß ihr Yuri gegenüber, sie begannen sich zu unterhalten. Anfangs verlief ihr Gespräch ähnlich wie die, die sie mit den anderen Klassenkameraden geführt hatte. Sie brachten sich gegenseitig auf den neuesten Stand, erinnerten sich an ein paar lustige Begebenheiten. Doch was Sarah bei den anderen als mühsam empfunden hatte, interessierte sie bei Yuri brennend. Plötzlich war dieses Klassentreffen das schönste, was sie in all den Jahren erlebt hatte. Sie redeten immer weiter, Sarah fiel kaum auf, dass sie die anderen praktisch ignorierten.

Als Yuri kurz verschwand, stupste ihre Freundin Inge sie mit dem Ellbogen an und sagte: »Oh, oh, ihr beiden …«

»Sei nicht albern«, protestierte Sarah, »wir haben uns eben eine Ewigkeit nicht gesehen.«

Yuri und Sarah bemerkten kaum, dass nach und nach die ganze Gesellschaft aufbrach, und sie hätten wohl die ganze Nacht durchgeplaudert, wenn nicht

Yuris Freund Tom, bei dem er übernachtete, unruhig geworden wäre. Yuri musste gehen.

Sarah erinnert sich nicht an die Heimfahrt, sie war mit ihren Gedanken ganz woanders. Zu Hause konnte sie nicht einschlafen, sie wälzte sich hin und her und dachte nur noch an Yuri … Yuri … Yuri …

»Was hast du denn«, fragte ihr Mann müde.

»Ich kann nicht schlafen«, antwortete sie. »Vielleicht habe ich etwas Falsches gegessen.«

Am Morgen war sie erschöpft, doch sie fühlte sich lebendiger als je zuvor. Sie setzte sich in den Wagen und fuhr zur Hafenstadt. Doch Yuri war nicht da. Sie traute sich nicht, Tom zu fragen, der von sich aus keine Erklärung lieferte. War Yuri vielleicht krank?

Als der Touristenführer das Mikrofon in die Hand nahm, flüsterte sie Franz zu: »Ich glaube, es fehlen noch welche.«

»Ein paar haben abgesagt, und Yuri will später nachkommen«, antwortete er. Und tatsächlich tauchte Yuri nach einer halben Stunde auf. Er zog sie zur Seite. »Hör zu«, flüsterte er, »lass uns allein reden, ja? Iss nicht mit den anderen zu Mittag, du findest bestimmt eine Ausrede. Sag einfach, dass du nach Hause musst, dann treffen wir uns bei Alfredos.« Alfredos war eine kleine Pizzeria in der Nähe ihrer alten Schule, sie waren früher oft dort hingegangen. Sie nickte, dann trennten sie sich und mischten sich unter die Gruppe. Es war, als hätten sie auch das abgesprochen. Sie sprachen mit den anderen, taten, als wäre nichts gewesen. Doch Sarah zählte die Stunden und Minuten, sie konnte kaum erwarten, mit Yuri allein zu sein.

Am Ende der Tour verabschiedete sich Yuri, er sagte, er müsse geschäftlich nach Hannover, und verschwand. Sarah ließ ein paar Minuten verstreichen und verabschiedete sich ebenfalls. Als sie aus dem Wagen stieg und zur Pizzeria gehen wollte, kam ihr Yuri bereits entgegen. Sie fielen sich in die Arme, küssten sich, küssten sich immer leidenschaftlicher, ließen nicht mehr voneinander ab … Dass sie auffielen, dass sich bereits Passanten nach ihnen umdrehten, kümmerte sie nicht. Sie gingen nicht zu Alfredos. Yuri hatte schon ein Hotelzimmer in der Nähe gebucht. Der Tag war ein einziger Traum. Sie liebten sich, redeten, liebten sich wie im Rausch, bis sie plötzlich feststellten, dass es bereits Mitternacht war. Gequält von Schuldgefühlen rief Sarah ihren Mann an. Das Klassentreffen sei wunderbar gewesen, sagte sie, sie habe zu viel getrunken und würde bei Anna übernachten. Sie wusste, dass er nicht auf den Gedanken kommen würde, es zu überprüfen.

Noch in dieser ersten Nacht, erzählt Sarah, wurde ihnen klar, dass sie den Rest ihres Lebens miteinander verbringen wollten – oder mussten. Egal wie. Dass sie einen riesigen Scherbenhaufen hinterlassen würden, verstanden sie ebenfalls. Und so rafften sie alles, was ihnen an Vernunft geblieben war, zusammen und beschlossen, die nächsten zwei Monate zu nutzen, um ihre Entscheidung zu überprüfen, zwei Monate, in denen Yuri in Deutschland zu tun hatte. Sie telefonierten mehrmals täglich und trafen sich, so oft sie konnten. Nur mit allergrößter Mühe gelang es Sarah, ihren Alltag aufrechtzuerhalten, als wäre nichts geschehen. »Ich dachte, ich werde verrückt. Ich war so über alle Maßen verliebt, so von der Idee eingenommen, dass wir zusammenleben würden, und gleichzeitig fühlte ich mich so schuldig. Schließlich war ich gerade dabei, mein altes Leben zu zerstören.« Aber nichts konnte sie umstimmen, es blieb bei ihrer Entscheidung. Yuri flog nach Amerika, um es seiner Frau mitzuteilen und die Scheidung einzuleiten. Sarah sprach mit ihrem Mann und kündigte bei ihrer Firma. Sie bereitete sich auf ihr neues Leben in Amerika vor.

Ihr Mann war fassungslos. »Bist du noch ganz bei Trost?«, schrie er. »In deinem Alter? Du lässt mich hier sitzen, gibst alles auf? Das Haus, deine Stelle? Und all das, um mit einem Mann in einem fremden Land zu leben, den du vor dreißig Jahren zum letzten Mal gesehen hast?« Es waren einige der schwierigsten Momente ihres Lebens, sie war innerlich wie zerrissen. Ihre Ehe war nicht die allerglücklichste gewesen, aber sie hatten sich arrangiert. Er war freundlich und anständig, ein Mann, dem man so etwas eigentlich nicht zumuten durfte. Er war am Boden zerstört.

Auch ihr Chef und ihre Kollegen waren sprachlos. Immer wieder musste sie erklären, dass es ihr durchaus ernst sei. Sie glaubten offenbar, dass es nicht mehr sei als eine kleine Altersromanze, etwas, das man bereut, sobald man beginnt, die Pläne in die Tat umzusetzen. Ihr Chef, der sich Sorgen um sie machte, bot ihr an, ein Jahr unbezahlten Urlaub zu nehmen. »Probier es halt aus«, schlug er vor, »wir nehmen eine Aushilfe und halten dir die Stelle frei. Dann kannst du zurückkommen, wenn es nicht klappt.« Doch Sarah lehnte ab und ging.

Es war eine Liebesgeschichte, an der alle zweifelten. Zu unrecht… Zwar litten sie unter der bedrückenden Schuld, ihre Ehepartner verlassen zu haben, doch in der neuen Beziehung waren Yuri und Sarah unendlich glücklich und sind es, soweit ich weiß, bis heute.

Späte Liebe, wie sie Sarah und meine Mutter erfahren haben, hat es immer gegeben. Doch galten derartige Fälle früher als absolute Ausnahmen, ihnen hing etwas Bizarres, beinahe Unnatürliches an. Im Mainstream, der von Jugend und Schönheit dominiert wird, hat es so etwas nicht gegeben. Doch vor einiger Zeit ist ein Film erschienen, der mit dem Tabu um die Liebe im Alter bricht. »Wolke 9«, vom mutigen Regisseur Andreas Dresen, handelt von einem »coup de foudre«, einer Liebe, die einschlägt wie der Blitz. Inge, eine verheiratete Frau über sechzig, verliebt sich unsterblich in den sechsundsiebzigjährigen Karl. Völlig unverstellt zeigt die Kamera den Sex mitsamt der Falten und Altersflecken – für viele Kinogänger ein neues, vielleicht auch erschütterndes Erlebnis. Die Schauspielerin Ursula Werner sagte, dass alle Beteiligten wussten, welches

Risiko sie mit dem Film eingingen und dass einige Szenen das Publikum möglicherweise verstören würden. Aber sie wollten einen ehrlichen Film machen. Hätte man die Sexszenen herausgeschnitten, meinte Andreas Dresen, so hätte dies der ganzen Auffassung des Films widersprochen. Die nämlich laute: »Liebe im Alter ist schön.«

Wenige Minuten nach ihrer ersten Begegnung – gleich zu Anfang des Films – sehen wir, wie Inge und Karl miteinander schlafen. Sie zeigen, dass die Liebe zwischen alten Menschen genauso leidenschaftlich und dringlich sein kann wie zwischen jüngeren. »Romeo und Julia«, sagte mir Ursula Werner, als wir im Café des Berliner Gorki Theaters saßen, wo sie oft auftrat, »denen wird es zugebilligt. Und die haben sich vorher schließlich auch kaum gekannt.«

Der Film erkundet die Konsequenzen dieser Liebesgeschichte und ihr letztendlich tragisches Ende. »Das Erstaunliche ist: Alle Altersgruppen, die Jungen, die Alten, das breite, mittlere Alter, sie alle haben sehr positiv reagiert.« Beim Festival in Cannes wurde der Film mit einem Preis geehrt, das bekanntermaßen kritische Publikum bedachte ihn sogar mit Standing Ovations. Richtig negativ reagiert haben die wenigsten. Viele Ehepaare erklärten vor dem Film, sie würden wohl bei den einschlägigen Szenen die Augen schließen. Nachher »haben wir festgestellt, dass es gar nicht um Sex im Alter geht, sondern um Liebe, und dass dieses Phänomen, dieses Entflammen nicht aufhört, sondern dass tiefe Leidenschaften und Gefühle vorhanden sind, die man den Älteren gerne abspricht, so wie man ihnen gerne abspricht, dass sie arbeiten können und, ja, sehr, sehr positive und große Leistungen in der Arbeitswelt vollbringen können.«

Einige, die den Film gesehen haben, halten die neunundsechzigjährige Frau Werner nun für eine Spezialistin für Liebesfragen im Alter. Sie quittiert die entsprechenden Anfragen mit einem Lachen: »Das bin ich ja nicht!« Unter anderem hat sie Briefe von älteren Frauen erhalten, die Affären oder Liebschaften mit jüngeren Männern haben und sich über die »Schwierigkeiten und das Gerede« beklagen, dem sie nicht entkämen. »Je kleiner der Ort, desto unbarmherziger ist das«, sagt sie. Der Film versucht nicht, die Illusion herzustellen, dass Liebe in dieser Lebensphase unkompliziert ist, aber er bestätigt ausdrücklich, dass es sie gibt. Schon damit haben Andreas Dresen, Ursula Werner und ihre Kollegen der Gesellschaft einen enormen Dienst erwiesen.

Meistens verliebt man sich ganz plötzlich, wenn viele Frauen längst meinen, »all das« hinter sich zu haben. Jedoch konnte ich auch mit einer Frau sprechen – nennen wir sie Christiane –, die über einen langen Zeitraum nach ihr gesucht hat. Sie war über sechzig, seit mehreren Jahren geschieden. Ihre Ehe war eine Katastrophe gewesen. »Es war furchtbar, aber die Erfahrung hat mir die Ehe als solche nicht verleidet.

Ich dachte immer noch, dass es möglich sein müsste, einen Mann zu finden, mit dem ich glücklich werden kann. Das Problem, dachte ich, ist mein Alter – wer hat denn noch Interesse an mir?« Doch eine Freundin, die selbst erst kürzlich wieder geheiratet hatte, sprach ihr Mut zu. »Du darfst auf keinen Fall aufgeben«, sagte sie, »du darfst nichts unversucht lassen, man weiß nie, was passiert.« Also schloss sie sich einigen Vereinen an und bemühte sich, ihren Freundeskreis zu erweitern in der Hoffnung, dass man sie weiter vorstellen würde.

Schließlich überwand sie sich und wurde Mitglied bei einer Partnersuche-Website. »Ich kam mir ziemlich blöd dabei vor, aber ich hatte ja mitbekommen, dass eine Menge älterer Menschen sehr offen nach Partnern suchten, egal ob über Zeitungsannoncen oder über das Internet. Schließlich war es ja anonym. Es dauerte Stunden, bis ich endlich eine Selbstbeschreibung verfasst hatte, besser wäre es gewesen, jemand anders hätte es für mich erledigt. Irgendwie ging es dann aber. Ich machte mich sieben Jahre jünger. War das so schlimm? Meine Freundin war überzeugt, dass es nicht anders ging. Männer hätte nun mal diese Vorurteile älteren Frauen gegenüber. Erst wenn man ihnen gegenübersitzt, könne man sie ausräumen.

Über die nächsten Monate schlug mir die Website drei ›Volltreffer‹ vor. Wir schrieben eine Weile hin und her, und schließlich verabredete ich mich mit ihnen. Sie waren alle drei furchtbar! Einer war richtig schlimm. Wir hatten uns zum Mittagessen verabredet, und er erzählte die ganze Zeit nur von sich. Während er seine Geschichten vor mir abspulte, schien er an mir überhaupt nicht interessiert zu sein. Es war kaum auszuhalten, immer wieder sah ich auf die Uhr, bis es endlich vorbei war.

Ich verlor den Mut. Als ich die Website schon beinahe vergessen hatte, wurde mir ein weiterer Treffer vorgeschlagen. Das fühlte sich schon ganz anders an. Wir schrieben uns und fanden bald heraus, dass wir eine Menge Gemeinsamkeiten hatten. Wir tauschten uns ausführlich über die Probleme unserer Ex-Partner aus, die beide krankhaft eifersüchtig waren – zumindest wirkte es so aus unserer Perspektive. Irgendwann reichten die E-Mails nicht mehr, wir begannen zu telefonieren. Die Gespräche wurden immer länger. Unser einziges Problem war ein geografisches: Er wohnte in Nizza und verbrachte viel Zeit damit, für seine Firma durch Frankreich zu reisen. Es würde nicht einfach sein, ein Treffen zu arrangieren. Doch eine Freundin von mir lebte in Cannes, und so beschloss ich, sie zu besuchen. In Cannes setzte ich mich in den Zug und fuhr nach Nizza.

Auf den ersten Blick wirkte er nicht besonders einnehmend. Wenn ich sein Foto nicht gekannt hätte, wäre ich sicher einfach an ihm vorbeigegangen, ohne Notiz von ihm zu nehmen. Doch wir verstanden uns auf Anhieb, beim Mittagessen redeten wir einfach immer weiter. Mein Instinkt sagte mir: Er ist es.

Zweimal bin ich seither in Nizza gewesen, wir haben im ganzen achtzehn Stunden miteinander verbracht, beide Male war es einfach wunderbar. Er will mich jetzt hier besuchen. Natürlich schreiben wir uns die ganze Zeit, E-Mails, SMS und so weiter, und wir telefonieren täglich.«

Ich hatte es nach einer solch kurzen Zeit kaum für möglich gehalten, aber Christiane war offensichtlich verliebt. »Was wollt ihr denn nun machen?«, fragte ich, »er wohnt doch so weit weg. Wie könnt ihr so eine Beziehung aufrechterhalten, muss nicht einer von euch umziehen?«

»Das ist natürlich alles sehr schwierig«, seufzte sie. »Er arbeitet ja sehr viel, und außerdem hat er mit seiner französischen Ex-Frau drei kleine Kinder. Er will natürlich dabei sein, wenn sie aufwachsen. Er kann also erst einmal nicht weg, und ich habe ja hier mein Haus und meine Arbeit, für mich wäre es auch sehr schwer. Wir warten es einfach ab und schauen, wie sich alles entwickelt. Wir leben von einem Tag auf den nächsten. Aber jedes Mal, wenn ich mit ihm rede, weiß ich, dass ich – wie soll ich sagen? – angekommen bin.«

Ich kenne einige Frauen wie Christiane, die älter sind und alleinstehend und im Internet nach Liebe suchen, oder oftmals auch nur nach einem Partner, mit dem sie reden können. Aber wenn man mehr will als nur Sex, dann ist es wohl wie die sprichwörtliche Nadel im Heuhaufen. »Warum stellen sich die Männer immer mit diesen hässlichen Fotos vor, mit Passbildern oder unscharfen Schnappschüssen? Sie wissen offenbar nicht, wie wichtig diese Bilder sind«, klagt eine Frau. »Das ist ja vom ersten Augenblick an abstoßend, wer will mit so einem was zu tun haben? Viele Frauen geben irgendwann auf und finden sich mit ihrer Lage ab. Das Tragische ist natürlich, dass es ab einem bestimmten Alter viel mehr Frauen gibt als Männer. Wer einen älteren Mann sucht, der nicht allzu weit entfernt wohnt, der fit ist und eine positive Einstellung hat, und weder homosexuell noch verheiratet ist, hat sich einiges vorgenommen. Selbst wenn man so jemanden findet, heißt es noch lange nicht, dass man ihn auch mag.

Wenn es zu solchen späten Lieben kommt, ist die Überraschung, die Verwunderung meistens besonders groß. Vielleicht liegt es daran, dass man sich an das Gefühl der Verliebtheit nicht mehr so recht erinnert. Vielleicht ist es gerade der Überraschungsmoment, der die Erfahrung aufwertet. Wer weiß das schon? Ich glaube, dass es in diesem Bereich für Psychologen noch eine Menge zu entdecken gibt. Die Forscher könnten sich zum Beispiel mit dem Fall Charlotte auseinandersetzen, von der ich als Nächstes erzählen möchte.

»Mit allem habe ich gerechnet, nur nicht damit«, erzählte Charlotte mir. »Fünfzehn Jahre waren seit meiner Trennung vergangen. Seitdem war nichts passiert.

Ich suchte auch nicht nach einer Beziehung. Wahrscheinlich habe ich einfach akzeptiert, dass ich alt geworden bin und an Liebe und Sex kein Interesse mehr haben sollte. Ich war mit meinem Leben sehr zufrieden. Ich hatte als Gesangslehrerin am Konservatorium gearbeitet, musste aber mit fünfundsechzig aufhören. Kurz darauf hat man mich gebeten, den Chor in unserer Stadt zu leiten, was ich mit Herz und Seele gerne tue. Der Chor ist meine ganze Leidenschaft, es macht mich ungemein stolz, wie gut wir vorangekommen sind. Wir haben Preise gewonnen, sind im Radio und im Fernsehen aufgetreten, wir können uns vor Einladungen aus Deutschland und aus dem Ausland kaum retten. Sie sind unglaublich motiviert.

Natürlich war es eine Herausforderung, einen solchen Chor zu leiten. Da unsere Sänger alle Amateure sind, kann es vorkommen, dass wir unsere besten Leute verlieren. Sie ziehen weg oder kommen aus anderen Gründen nicht wieder. Es gibt immer genug Leute, die gern mitmachen würden, aber die Stimme und die musikalische Ausbildung reichen oft einfach nicht aus.

Umso größer war meine Freude, als eines Tages ein Mann zum Vorsingen erschien, der eine hervorragende, ausdrucksstarke Bassstimme mit sehr gutem Tonumfang hatte. Allerdings musste diese Stimme noch ausgebildet werden. Ich sah ihn schon bei seinem ersten Solo, auch wenn es unrealistisch war – wir hatten schon zwei gute Solisten in dieser Stimmlage. Streit und Eifersüchteleien mussten natürlich um jeden Preis vermieden werden. Ich beschloss also, ihn ganz normal in den Chor einzureihen. Er sollte die anderen kennenlernen, dann würde man weitersehen.

Später erfuhr ich, dass er sechsundvierzig war. Er arbeitete als leitender Angestellter in einer großen Baufirma und war erst kürzlich versetzt worden, um in unserer Stadt die Niederlassung zu übernehmen. Ich ging davon aus, dass er ein Überflieger war, einer, der nichts falschmachen konnte. Irgendwann würde er die ganze Firma leiten und vermutlich weiterziehen in eine andere Stadt. Was mich verwirrte, war, dass er teilweise sehr reserviert, beinahe enigmatisch wirkte. Wenn wir nicht über die Musik sprachen, schwieg er meistens. Ich hatte keine Zeit, mir Gedanken darüber zu machen. Also erklärte ich ihm den Chor und die Kantate, an der wir gerade arbeiteten, und gab ihm Chornoten mit nach Hause, damit er üben konnte. Bei der ersten Probe stellte ich ihn dem Chor vor und sprach persönlich mit den anderen Bässen. Er hatte bereits Chorerfahrung, und als wir mit den Proben begannen, war schnell klar, dass er sich sehr gut zurechtfinden würde. Dann vergaß ich ihn beinahe.

Doch am Ostersonntag sollten wir Händels Messias in der großartigen Stiftskirche singen. Es war nicht besonders schwierig, der Chor konnte das Stück beinahe auswendig. Ein paar Proben würden genügen, um uns wieder auf Konzertniveau zu bringen. Schwierigkeiten hatten wir zu dieser Jahreszeit allerdings mit

Erkältungen, Husten, Grippe und all den anderen Krankheiten, die einen Chor durcheinanderwirbeln können. Mehrere Sänger wurden krank und sagten ab, auch der Bassist, der normalerweise die Soli singt. Er hatte sich eine starke Bronchitis zugezogen und würde sicherlich nicht mehr rechtzeitig zum Konzert gesund werden. Der Kollege, der normalerweise den Part übernommen hätte, war auf einer längeren Auslandsreise. Da wir nur ein kleines Budget hatten, wollte ich vermeiden, jemanden von außen zu bezahlen. Also dachte ich, vielleicht ist dies der richtige Moment… Im Gegensatz zu den Sopranistinnen waren die anderen Bässe zum Glück nicht sonderlich ehrgeizig oder eifersüchtig. ›Und, was meint ihr‹, fragte ich die Bässe, ›wollen wir Herrn Hirsch fragen, ob er es mal versucht? Die Erfahrung wäre gut für ihn.‹

Herr Hirsch sah unsicher in die Runde.

›Trauen Sie sich‹, ermutigte ich ihn. ›Es ist eine tolle Herausforderung, ich glaube, Sie werden Ihre Sache gut machen. Ich werde mit Ihnen arbeiten.‹

Alle redeten auf ihn ein, bis er lächelnd und schulterzuckend sein Einverständnis gab.

Wir hatten zwei Wochen. Mir war klar, dass ich in dieser Zeit keinen Profi aus ihm machen würde. Aber ich zweifelte nicht, dass er es gut hinbekommen würde. Wir einigten uns darauf, dass er drei Mal die Woche am frühen Abend zu mir in die Wohnung kommen sollte, um zu üben.

Wie kann es sein, dass uns die Stimme des einen

Mannes so rühren, dass sie uns im Innersten ergreifen und elektrifizieren kann, bis wir förmlich dahinschmelzen, während uns der nächste, egal, wie gut er singt, vollkommen kalt lässt? Worin liegt der Zauber? In der Art, wie er die Noten hält?«, fragte Charlotte träumerisch. »Ich war verzaubert von dieser tiefen, satten Stimme, die samtig-weich und kalt wie Stahl sein konnte. Aber da war noch mehr. Seine hellbraunen Augen, die Zurückhaltung… Ich zitterte regelrecht, wenn ich am Klavier saß. Als er nach unserer zweiten Einzelprobe aus der Wohnung war, ließ ich mich erst einmal erschöpft in den Sessel fallen. War es diese Stimme, oder war es der Mann? Oder beides? Ich wusste es nicht, aber plötzlich begriff ich, dass ich mich hoffnungslos in ihn verliebt hatte.

Zunächst war ich todunglücklich. Er sprach zwar nie über sich selbst, aber ich hatte gehört, dass er eine Frau hatte und einen Sohn im Teenager-Alter. Es war ohnehin hoffnungslos. Wieso sollte er sich für mich interessieren? Ich war fast siebzig. Auch wenn ich manchmal als Sechzigjährige durchging, sah man doch, dass ich wesentlich älter war als er. Da war überhaupt nichts zu machen. Ich musste mich zusammenreißen, niemand, am wenigsten mein Sänger, durfte jemals von meinen Gefühlen erfahren.

Glücklicherweise konnte ich mich hinter meiner Rolle als Lehrerin verstecken. Ich konzentrierte mich darauf, seinen Atem zu korrigieren, ich half ihm, die Phrasierung zu verbessern und brachte ihm die verschiedenen Techniken bei, die Händels Musik verlangten. Ich war streng und forderte viel von ihm, während mir das Herz bis zum Hals klopfte. Kann sein, dass er gelegentlich die besondere Intensität in meinem Blick bemerkte. Ich hoffte, dass er sie meiner Leidenschaft für die Musik zuschrieb. Wir verstanden uns sehr gut, doch unser Verhältnis war zudem von einer Harmonie, einem Einverständnis bestimmt, das mit einer normalen Lehrer-Schüler-Beziehung wenig zu tun hatte. Doch dabei ging es immer nur um Gesang. Wir trauten uns beide nicht, über etwas anderes zu sprechen. Wenn ich nach dem Unterricht wieder allein war, schwebte ich auf Wolke Sieben. Es war, als würde ich fliegen, immer der Sonne entgegen. Mein Herz war so weit, ich liebte die ganze Welt. Was für ein Kitsch!, sagte ich mir. Und doch: Jedes Liebeslied, das ich jemals gehört hatte, schien mir auf zauberhafte Weise wahr geworden.

Vier, fünf Tage vor dem Konzert stand er zur verabredeten Zeit in meiner Tür. Aber er nahm den Mantel nicht ab. Stattdessen reichte er mir seine Noten. Er wirkte erschöpft, sein Gesicht war aschgrau. ›Es tut mir so leid, so furchtbar leid. Ich kann es einfach nicht. Es geht nicht. Ich weiß, dass es ein großes Problem für Sie sein wird, aber ich habe keine Wahl.‹

Ich war fassungslos. ›Was ist denn auf einmal los?‹, fragte ich. ›Sind es die Nerven? Haben Sie Angst? Ich habe Ihnen doch beigebracht, damit umzugehen …‹

Ich war nicht nur schockiert, ich war ihm richtiggehend böse. ›Das darf nicht wahr sein! Das können Sie mir nicht antun! Sie können den Chor nicht so im Stich lassen!‹

Sein Gesicht war jetzt nicht mehr aschgrau, sondern kreideweiß. Er wandte sich zum Gehen. ›Ich weiß‹, sagte er, ›aber es geht leider nicht. Es ist mein Problem. Ich kann nicht weitermachen.‹

›Zumindest schulden Sie mir eine Erklärung‹, rief ich. Ich konnte kaum an mich halten. Doch dann merkte ich, dass ich so nichts aus ihm herausbekommen würde. ›Setzen Sie sich doch‹, sagte ich schon etwas sanftmütiger, ›bitte, nur für ein paar Minuten. Reden wir einfach darüber, ich will es nur verstehen.‹ Ich führte ihn zu einem Sessel, holte zwei Gläser und eine Flasche Rotwein, ein paar Nüsse, und setzte mich zu ihm.

Es war eine lange Geschichte. Erst sprach er sehr zögerlich, ich musste immer wieder nachhaken. Aber nach einer Weile begann der Wein zu wirken, mein Sänger entspannte sich und erzählte. Um es kurz zu machen: Er litt unter einer bestimmten Form von Depression, einer Art geistiger Lähmung, die ihm jedes Selbstwertgefühl nahm. Jede Herausforderung war ihm zu viel, der Zustand hätte ihn beinahe schon die Ehe und seine Anstellung gekostet. Er hatte eine Psychotherapie hinter sich und gelernt, seine Krankheit in den Griff zu bekommen: mit Medikamenten, mit Ausdauersport und – ja – mit dem Singen. Nun aber war die Firma, in der er arbeitete, durch die Rezession in Schwierigkeiten geraten, er war gezwungen, guten und loyalen Leuten zu kündigen. Außerdem war seine Frau drauf und dran, ihn zu verlassen. Es sei eine komplexe, schwierige Beziehung gewesen, erklärte er. Er liebe sie nicht mehr, aber gemeinsam mit dem Sohn und dem Haus bilde sie die Grundlage seines Lebens. Nun verlören die Medikamente ihre Wirkung, er fühle sich wieder wie gelähmt, überflüssig, was zu einem weiteren Problem führte … Seine Stimme wurde so leise, dass ich ihn nicht mehr verstehen konnte.

Ich tat, was ich tun konnte. Ich sagte ihm, dass diese Lebensphase, so schlimm sie auch sei, eines Tages zu Ende gehen werde, dass es besser werden würde. Ich sagte, er sei ein wunderbarer Mensch und ein toller Sänger, und dann sprudelte es plötzlich nur so aus mir heraus: Wie sehr ich ihn liebte, wie er mein Leben verändert habe. Und noch während ich den Satz zu Ende sprach, dachte ich voller Schrecken: Um Himmels willen, was habe ich nur gemacht? Jetzt habe ich es vermasselt! Jetzt will er bestimmt nichts mehr von mir wissen! Doch statt mich zurückzuweisen, sagte er: ›Ich war gelähmt, weil ich Angst hatte, vor Ihnen nicht zu bestehen, weil ich nicht wusste, ob ich die Hoffnungen erfüllen konnte, die Sie in mich gesetzt hatten. Ich habe Sie nämlich geliebt, seit Sie mir beim Vorsingen die Mozartarie in die Hand gedrückt haben, ich bin wie besessen von Ihnen …‹

Nicht zu fassen, oder?«, sagte Charlotte zu mir.

»Ich war sprachlos. Mit allem hätte ich gerechnet, aber nicht damit. Viel mehr kann ich über den Abend nicht erzählen, es war wundervoll, ein einziger, euphorischer Rausch. Es gelang mir, ihn sozusagen wieder auf die Beine zu stellen. Er ließ sich auch dazu überreden, das Solo zu machen, doch selbst ich zitterte bis zum letzten Moment. Der Messias war schließlich ein Triumph, er wurde als großes Talent gefeiert.

Das hört sich nach einem Happy-End an, doch das Leben geht ja weiter. Er hatte weiterhin die Schwierigkeiten bei der Arbeit, die Trennung von seiner Frau belastete ihn, und auch die Probleme mit seinem Kind. Doch wenn er bei mir war, fand er Halt. Er verstand, dass die Probleme, eins nach dem anderen, durchaus zu bewältigen waren.

Der Altersunterschied ist überhaupt kein Problem. Wenn ich über uns nachgedacht habe, habe ich immer befürchtet, dass ihn – und auch mich selbst – meine Falten, die nicht vorhandene Taille und all das stören könnten, dass er es unerotisch finden könnte. Aber das tat er nicht. ›So bist du‹, sagt er, ›und so liebe ich dich‹. Etwas Schöneres gibt es doch gar nicht. Wir wohnen zusammen, wir sind sehr, sehr glücklich miteinander. Der Chor hat akzeptiert, dass wir ein Paar sind, sie haben sich richtig für uns gefreut. Wir gehören also zusammen, wir haben einander. Über die Zukunft machen wir uns erst einmal keine Gedanken.«

Eines Tages, als Sissi gerade einen großen Beutel Kaffeebohnen in die Maschine kippte, sah sie zur Tür und erkannte den Umriss einer ihr sehr vertrauten Figur. Es war Dirk.

»Was machst du denn hier?«, fragte sie.

»Ich komme gerade von der alten Bank, ich hatte da zu tun, und dachte, ich schaue einfach mal vorbei. Sieht toll aus hier, herzlichen Glückwunsch! Wie läuft es denn so?«

Soweit Sissi wusste, war Dirk noch nicht im Café gewesen. Kurz nach ihrer Trennung hatte er die Bank gebeten, ihn in einen anderen Stadtteil zu versetzen. Seit er seine Sachen abgeholt hatte und umgezogen war, sahen sie sich kaum noch. Sie hatten noch keine Zeit gehabt, sich um die Scheidung zu kümmern, das stand noch an. Dirk hatte abgenommen, er sah etwas erschöpft aus.

»Ganz gut«, antwortete Sissi. »Möchtest du einen Kaffee?«

»Sehr gern«, sagte er, »dieser Vormittag hat mich ganz fertiggemacht.«

Sie setzte sich zu ihm, plauderte ein bisschen mit ihm. Sie sprachen über das Café, Dirk erzählte von seiner neuen Stelle. Sissi hatte über zwei Ecken gehört, dass seine Beziehung zu der jungen Frau nicht gut lief. Aber sie fragte nicht, und er erwähnte sie nicht. Wenn er will, wird er es mir schon erzählen, dachte sie. Ist ja auch nicht mein Problem.

Viel Zeit hatten sie nicht, es kamen immer wieder

Gäste, um die sich Sissi kümmern musste. Jacek war noch nicht da. Als Dirk sah, wie beschäftigt sie war, stand er auf und verabschiedete sich. Auf dem Weg nach draußen fragte er: »Könnte ich dich zu einem Abendessen überreden, irgendwann diese Woche? Wir werden uns doch wohl noch unterhalten dürfen, auch wenn wir getrennt sind, oder? Es ist ja eine Menge passiert in der Zwischenzeit.«

Sissi war sehr überrascht. Ob er wohl mitbekommen hatte, dass sie nicht mehr mit Marco, dem Architekten zusammen war?

»Stimmt, ja«, antwortete sie. »Am liebsten am Montag, da haben wir hier zu.«

»Gut, dann am Montag«, sagte Dirk. »Ich hole dich ab, um acht?«

»Ich weiß nicht so recht, was ich davon halten soll«, sagte sie mir später am Telefon. »Meinst du, er will, dass wir wieder zusammenkommen?«

»Keine Ahnung«, sagte ich. »Er hat schon recht. Es gibt keinen Grund, warum ihr nicht befreundet sein könnt.«

»Ach, daran glaube ich nicht«, meinte Sissi. »Aber nach der Sache mit Marco wäre es schon sehr nett, einen Mann zu haben, mit dem man mal ausgehen kann. Auch wenn es mein zukünftiger Ex ist.« Sissi lachte laut auf.

Meine Befürchtung hatte sich bestätigt, die Sache mit Marco war nicht gut ausgegangen. Für Sissi war es eine tolle Affäre gewesen, die ihr Selbstvertrauen gegeben hatte und neue Lebensfreude. Eigentlich hatte sie immer gewusst, wie sehr er an seiner Frau und der Familie hing, und sie musste gespürt haben, dass die Beziehung vorbei sein würde, wenn er die Stadt wieder verließ. Sie konnte das alles sehr gut einschätzen. Und doch hatte sie wohl irgendwie gehofft, dass er seine Frau doch noch verlassen und vielleicht eine feste Anstellung hier finden würde. Vor einem Monat war es dann so weit. Das Gebäude war fertig, er musste zurück nach München, um an einem großen Projekt für Dubai mitzuarbeiten. Er versprach, alles zu tun, damit sie sich sehen könnten. Er hoffte, dass sie nach Dubai kommen würde, wenn sein Einsatz dort begann. Doch dann telefonierten sie immer seltener, von Dubai war nicht mehr die Rede. Dann hörte sie Gerüchte, dass er in der Berliner Zeit noch mindestens eine weitere Affäre gehabt hatte. »Er ist so lange von zu Hause fort gewesen«, sagte Sissi resigniert, »ich fürchte langsam, er ist wie ein Seemann, der in jedem Hafen eine Freundin hat. Vielleicht auch mehr als eine. Von der Vernunftseite her wusste ich schon, dass es nur eine kurze Affäre war, dass ich nichts erwarten sollte, dass es irgendwann einfach vorbei sein würde. Aber es hat trotzdem verdammt wehgetan.«

Das Abendessen mit Dirk war ausgesprochen nett. »Wir haben viel geredet und viel gelacht«, erzählte sie am nächsten Tag. »Fast wie damals, als wir noch nicht verheiratet waren. Es war so unkompliziert, so selbstverständlich. Ist ja auch ganz normal, nach all den Jahren, die wir miteinander verbracht haben. Wir haben beide nichts von unseren Liebesgeschichten erzählt. Trotzdem meine ich verstanden zu haben, dass seine Sache mit dieser Frau nicht gerade das ist, was man eine Traumbeziehung nennt. Aber wer weiß, es kann auch sein, dass ich mich täusche.«

Dirk ließ ein paar Tage verstreichen, dann rief er an. Er suchte ein Buch und wollte wissen, ob es noch in ihrem Regal stand. Er schlug vor, es im Café abzuholen, wenn sie dort fertig sei, dann könnten sie ja vielleicht noch etwas trinken gehen. Ein paar Tage später rief er wieder an, wieder etwas anderes. Und noch einmal. Immer hatte er einen neuen Grund. »Irgendwas ist da los«, sagte Sissi. »Ein Jahr lang haben wir uns überhaupt nicht gesehen, und jetzt lässt er sich jeden Tag etwas anderes einfallen, um mich anzurufen.« Eine Situation, die ihr gefiel. Das war nicht zu übersehen.

So ging es eine Weile, bis Dirk sie schließlich geradeheraus fragte, ob sie es nicht noch einmal mit ihm versuchen wolle. Er wusste, dass er sich mies verhalten hatte. Es tat ihm furchtbar leid. Die Sache mit der jungen Frau war von vornherein zum Scheitern verurteilt gewesen. Am Anfang war es natürlich sehr aufregend, aber sie waren nicht füreinander geschaffen, das war ihm bald klar. Es stellte sich heraus, dass der Altersunterschied eine große Hürde war. Sie fand seine Freunde langweilig und teilte seine Interessen nicht. Er fand, dass sie unreif und oberflächlich war, dabei war sie nicht dumm. Sie hatte sich um eine Versetzung bemüht und arbeitete in einer kleinen schwäbischen Stadt, mittlerweile war sie schon seit ein paar Wochen fort.

Es sei eine gute Erfahrung gewesen, meinte Dirk, er habe viel über sich verstanden. Es hatte ihm vor Augen geführt, wie viel er mit der Trennung von Sissi verloren hatte. Er liebe sie noch immer, beteuerte er und wünschte, sie würden noch einmal ganz von vorn beginnen.

Sissi zögerte. Sie gab zu, dass auch sie nicht ganz unschuldig an ihrer Trennung war. Die Tatsache, dass sie fünfzig wurde, ihre Verunsicherung über ihr Aussehen, hatte sie wohl doch mehr bedrückt, als sie sich eingestanden hatte. Sie war einfach davon ausgegangen, dass Dirk ähnlich dachte, deshalb wurde ihre Beziehung immer mehr belastet, die körperliche Anziehung fehlte. Durch die Wechseljahre war alles noch schlimmer geworden. Aber auch sie hatte dazugelernt, sie hatte sich verändert, war mit sich selbst zufrieden. Sie war unabhängiger denn je, es gefiel ihr, allein zu leben. Andererseits … sie verstanden sich ja wirklich gut, besser als je zuvor. Ob sie ihn noch liebte? Sie wusste es nicht, sie wollte darüber nachdenken. Dann hatte sie eine Idee: »Wir könnten ja Urlaub zusammen machen, einfach mal sehen, ob es klappt. Wir könnten das alles in Ruhe bewerten und uns dann entscheiden. Wenn es klappt, dann ziehst du wieder bei mir ein. Wenn nicht, dann halt nicht. Es sollte uns auf jeden Fall nicht daran hindern, befreundet zu sein.«

Und genau das taten sie schließlich. Sie sahen ein, dass sie sich immer noch liebten und dass sie zusammengehörten. Ich hatte mir so etwas schon gedacht, als Sissi mir erzählte, dass Dirk im Café aufgetaucht war. Sie hatten tatsächlich während der Trennung einiges gelernt – beide. Sie wollten ihre Ehe also erneuern, sie wollten es noch einmal versuchen. Zu einer solchen Krise, wie sie sie erlebt hatten, sollte es nicht noch einmal kommen, daran würden sie arbeiten.

12 WENN NICHT JETZT, WANN DENN?

Während ich an diesem Buch schrieb, starb eine der Frauen, die ich vorgestellt habe: Bärbel Bohley. Sie ist fünfundsechzig geworden. Eine weitere, Rita Levi-Montalcini, hatte gerade ihren hundertdritten Geburtstag gefeiert, sie wusste, dass es ihr letzter gewesen sein könnte. Doch beide sprachen mit extremer Gelassenheit vom bevorstehenden Ende. »Mein eigener Tod ist mir egal«, hatte Rita schon mit hundert gesagt, »er betrifft nur meinen Körper. Was bleibt, ist das, was ich erreicht und geleistet habe im Leben.« Bärbel hat es noch schlichter formuliert: »Ich denke, ich habe gelebt.«

Wir aber sind noch am Leben, wir werden weiterhin älter. Einige von uns haben eine neue Lebensphase eingeläutet. Maggie Guillebaud hat gespürt, dass sie ihren Beitrag an der Kathedrale von Salisbury geleistet hat. Sie ließ sich versetzen und arbeitet jetzt als Kaplanin am Theologischen Seminar der Diözese, wo sie für die ökumenischen und kulturellen Beziehungen zuständig ist. Sissis Café hat die erste, schwierigste Phase überstanden. Sie widmet sich nun wieder mehr ihrer Ehe. Auch ich bin jetzt an einem Punkt, wo ich einen Neuanfang wagen möchte. Ich denke, ich werde umziehen. Ganz entschieden habe ich mich aber noch nicht.

Wer sich einmal neu erfunden hat, weiß, dass man es immer wieder tun kann. Nicht nur mit fünfzig, auch mit sechzig, siebzig… Jede Frau in diesem Buch hat es anders gemacht, und jede hat gezeigt, dass der Eintritt ins letzte Lebensdrittel nicht notwendigerweise bedeuten muss, dass man langsam von der Bildfläche verschwindet, dass man in den Hintergrund treten muss oder jeden Tag einen ruhigen Sonntag sein lässt, wie Patrick M. Liedtke es ausgedrückt hat. Die Psychologen Mary und Kenneth J. Gergen haben es sehr treffend formuliert: Das Alter kann »eine Phase der Bereicherung und des unvergleichlichen Wachstums sein«.

Wenn die Kinder aus dem Haus sind, wenn es mit dem ersten Beruf vorbei ist, wenn man gesund ist und davon ausgeht, noch einige gute Jahre vor sich zu haben, ist es höchste Zeit, die alten Vorurteile gegenüber älteren Frauen, die alten Barrieren – besonders die des fünfundsechzigsten Geburtstags – zu durchbrechen und den Rest des Lebens anzupacken, das Beste daraus zu machen. Egal, wie man es anstellt und ob man bereit ist, Risiken einzugehen: Wenn nicht jetzt, wann denn? Wer verstanden hat, dass das Ende näher ist als noch am Tag zuvor, hat noch lange keinen Grund zu resignieren oder in Trauer zu verfallen, es ist ein Grund, nach Herausforderungen zu suchen und das Leben in seiner ganzen Fülle zu genießen.

In den Fünfzigerjahren gab es einen sehr erfolgreichen Film mit dem Titel »Carmen Jones«, der die Handlung der Oper »Carmen« in eine Fallschirmfabrik in North Carolina mit afroamerikanischen Arbeiterinnen verlegt. Der Film wirkt heute sehr altmodisch, aber er ist in gewisser Weise ein Klassiker. Eine Arie ist wirklich unvergesslich. Als Carmen die Pik-Neun zieht und glaubt, dass sie bald sterben muss, singt sie:

> Es bringt nichts davon zu laufen, alter Junge …
> Ich nutze jede Sekunde, die ich habe,
> bevor er mich zu Boden wirft.
> Ich lache und singe,
> bis ich außer Atem bin.
> Bevor er mir mit der Sense kommt,
> solange ich noch fliegen kann,
> hält mich nichts am Boden.
> Ich werde das Leben genießen,
> bis mir das letzte Stündchen schlägt.

Für Carmen Jones bedeutet »Leben«, dass sie ihren armen, unglücklichen Liebhaber José verlässt, um sich von einem reichen Boxchampion verwöhnen zu lassen. Aber es geht, wie wir gesehen haben, ja auch anders …

»Ich sehe und höre nicht mehr so gut, aber meinem Gehirn geht es gut. Ich glaube, dass meine geistigen Fähigkeiten heute, aufgrund der vielen Erfahrungen, die ich in meinem Leben gemacht habe, weiter entwickelt sind als früher.«

Rita Levi-Montalcini, Neurologin und Nobelpreisträgerin zu ihrem hundertsten Geburtstag.

»Ich denke, ich habe gelebt.«

Bärbel Bohley

»Gerade die älteren Frauen hatten immer schon die Funktion, die gesammelte Weisheit einer Gemeinschaft zu erhalten und weiterzureichen, ich glaube, dass ältere Frauen sich auf diese Rolle besinnen sollten.«

Maggie Guillebaud

QUELLEN

Eileen Atkins, Fernsehinterview in *Friday Night with Jonathan Ross*, BBC One, 15. Juni 2008.

Simone de Beauvoir, *Das Alter* (La Vieillesse). Rowohlt, Reinbek bei Hamburg 2000.

Nils Beckman et al., *Secular Trends in Self-reported Sexual Activity and Satisfaction in Swedish 70-year-olds*, British Medical Journal, University of Gothenburg, July 2008.

Erfahrung rechnet sich, Broschüre vom Bundesministerium für Familie, Senioren, Frauen und Jugend, 2008.

Colin Farrell, Fernsehinterview in *Friday Night with Jonathan Ross*, BBC One, 10. Oktober 2008.

Kenneth Gergen, *Realities and Relationships Soundings in Social Construction*, Harvard University Press 1997.

Rabbiner Hillel der Ältere, *Pirqe Avot: Sprüche der Väter. Eine heilige judäische Schrift*. Jüdische Verl.-Anst., Berlin 2001.

Patrick M. Liedtke, *From Bismarck's Pension Trap to the New Silver Workers of Tomorrow: Reflections on the*

German Pension Problem. European Papers on the New Welfare, 12. February 2006.

Andrew Osborne, David Blanchflower, *International Happiness* Paper for the National Bureau of Economic Research, Cambridge, Mass. USA, January 2011.

Barbara Strauch, *The Secret Life of the Grown-Up Brain*, Viking Penguin, USA 2010.

Dr. Susan E. Trompeter et al., *Sexual Activity and Satisfaction in Healthy Community-dwelling Older Women*, American Journal of Medicine, University of Diego, January 2012.